越境ブックレットシリーズ 2

女性のエンパワメントと教育の未来

知識をジェンダーで問い直す

天童睦子
Tendo Mutsuko

東信堂

刊行によせて――越境ブックレットシリーズの考え方

グローバル化と知識社会の変容の中で「知識とはなにか」「だれにとっての知識か」が世界的に問い直されている。このブックレットシリーズでは、グローバルな視点から知識とその伝達過程を問うことを目指している。我々は、知識を、学校教育で教えられるような教科書的なものとしてではなく、より広い社会生活の中で、人々が物事を判断し、行動していくために選び取られ、意味づけされていくものとして捉えている。したがって、本シリーズで取り上げる「知識」は、単なる情報とは異なり、それぞれの人々の価値判断によって選択され、再構成されたもの、とみなしている。

こうした理解に立つと、中立的で普遍的な知識というものは存在せず、必ずそれを構成した人(人々)の価値判断と目的があり、その「誰が」「何のために」知識を組み合わせて提示しているのか、という問題は、きわめて重要であることがわかる。同時に、情報を選び取って自分なりに意味を持つ知識の体系にしていくことは、我々が何かを考え、意見や意思を形成するための最も本質的な営みだと言える。このような視点から知識や学習というものを捉え直すことで、本シリーズでは、現代社会のさまざまな課題の本質を照らし出そうとしている。

「越境」という言葉に込められているのは、一つには学問の垣根を越えること、もう一つは国の枠を超えて、自由、公正、人権、平和といった、人間にとっての普遍的価値や理念を再構築する、グローバルな知のアリーナを提示することである。

執筆陣の多くは研究者であるが、知識が形成される場や状況、そしてそれが人々の生活や社会の中で活用されるかたちも多様であることから、教育学、社会学、人類学、女性学などさまざまな学問分野を背景にしつつもそれらの枠を超え、世界のさまざまな事例を用いて議論を展開する。グローバル社会では、知識も必ずしも土地に縛られず、インターネットなどのバーチャルな空間で行われる知識形成や国境を超えた人や知識の移動が一般的になってきている。そこで、このシリーズでも、こうした流動性や価値の多様化を考慮し、キャリアパスの多様性、伝統知と学校知、女性、災害、紛争、環境と消費、メディア、移民、ディスタンスラーニング、子どもの貧困、市民性など、従来は知識の問題として議論されてこなかったテーマも含めて取り上げていきたい。

本来、社会科学とは、社会で起きている現象を理解するために発生した諸学問であったはずだが、現代では、学問分野が専門化、細分化し、現実社会で起きる出来事を諸学の中で包括的に捉えることができないという逆説的状況も生まれている。そこで、本シリーズでは、各専門分野での研究の精緻さはいったん横に措き、社会で何が起きているのか、そして、そうした出来事をもたらした人々は、どのような価値観に基づいて行動したのか、そこで生成され、共有された知識とは何だったのかを論じる。それによって、本当の意味で知識を獲得すること、そしてそれを学問として行うことの意味を読者とともに考えていきたい。新たな知識論の冒険へ、ともに歩もう。

シリーズ編者　山田肖子
天童睦子

はじめに

『源氏物語』の作者として知られる紫式部の幼少期に、次のような逸話がある。漢学者の父から弟が漢学の手ほどきを受けていた時、傍らにいた紫式部のほうがいともたやすく漢詩を覚えた。父は嘆いた。「この娘が男子であったらよかったものを」と。漢学などの学問は「男がすなるもの」であり、女性はその知識から遠ざけられていたのである。

平安朝の時代から千年の時を経て、現代を生きる女性たちはジェンダー平等を享受しているように見える。機会の均等や、男女共同参画社会が言われて久しい。しかし、今なお、女性に対する性差別は解消していない。女性の貧困、セクシュアル・ハラスメント、学校教育のなかの「隠れたカリキュラム」など、可視的・不可視的なジェンダー不平等の再生産は続いている。

世界に目を向けると、二〇世紀後半の第二波フェミニズムの興隆ののち、一九七〇年代には女性の地位向上に向けた動きが活発化した。一九七五年、世界女性会議がメキシコ・シティで開催、一九七六年から八五年まで「国連女性の一〇年」は地域的差異を超えて、世界の女性たちが抱える差別、搾取、暴力の問題に光を当てる契機となった。国連では一九七九年、女性差別撤廃条約が採択された。同条約は世界女性の憲法と呼ばれ、一八九カ国が締約国となっている(二〇一九)。九〇年代には「女性の権利は人権である」ことが明示され、国連の二〇〇〇年ミレニアム開発目標、さらに二〇一五年の持続可能な開発目標(ＳＤＧｓ)の主要項目において、ジェンダー平等は重要な柱となっている。いまやジェンダーの主流化は世界的常識なのである。

本シリーズの共通テーマである「越境」という言葉に込めたのは、学問の垣根を越えること、そして一国規模の枠組みを超えて、自由、公正、人権、平和といった、人間にとっての普遍的価値や理念を再構築する、グローバルな知のアリーナを提示することである。

本書では、知識伝達とジェンダーに焦点を当て、「だれのための知識か」という根本的問いを、フェミニズム理論の展開と重ねながら検討する。また、教育社会学、批判的教育学とジェンダー論の交叉から、隠れたカリキュラム、ジェンダー・コードを紹介する。後半では、「女性学になにができるか」を考える具体例として、メディアが描く女性像（プリンセス像の変容）、災害と女性のエンパワメントを取り上げる。

性別カテゴリーの枠を超えて、知識を問い直すこと。これは足元のローカルな課題（自分自身が生きる基盤とする地域レベル、個人レベルの課題）であるとともに、グローバルな女性にとっての知識獲得という世界レベルの問題とつながっている。ローカルとグローバルをつなぐ、現代社会のさまざまな課題をジェンダーの視点から照らし出していこう。

目次／越境ブックレットシリーズ　2
女性のエンパワメントと教育の未来――知識をジェンダーで問い直す

越境ブックレットシリーズ　2

女性のエンパワメントと教育の未来——知識をジェンダーで問い直す

1 ジェンダー平等と女性のエンパワメント

1 世界のなかの日本と男女格差

ジェンダー平等や多様性（diversity）が世界の常識知になるなかで、いくつかの国際的指標が示すのは、日本が男女格差をいまなお温存したジェンダー不平等社会であることだ。

世界経済フォーラム（WEF）が、毎年公表するジェンダー格差指数（gender gap index GGI）では、日本は一五三カ国中一二一位（二〇一九年一二月）で、前年の一一〇位（一四九カ国中）よりさらにランクを下げた。過去最低の順位で、主要7カ国（G7）では最下位である。

ジェンダー格差指数（GGI）は、男女間の不均衡を政治、経済、教育、保健の四分野のデータをもとにして指数化したもので、四分野の主要項目の中身は、1．政治的権限（意思決定構造における男女比）、2．経済活動への参加と機会（労働力の男女比・賃金格差・専門・技術職の男女比など）、3．基礎教育から高等教育まで与えられる機会、4．健康と生存である。日本はとりわけ政治、経済分野でのスコアが低い。衆議院議員の女性比率は九・九％（二〇二〇年一月現在）と諸外国に比べて極めて低く、経済分野では男女間の収入格差、管理的ポジションの女性の少なさが大きく影響している（**表1・表2**）。

教育、保健はトップレベルのはずと思われているが、実は教育の項目で日本は、識字率、初等教育の指数では男女格差なしであるが、中等教育、高等教育段階では一〇〇位を下回る。

国連開発計画（UNDP）は、人間開発報告書（Human Development Report）において二〇〇九年までのジェンダー・エンパワーメント指数に代わって、ジェンダー不平等指数（gender inequality index GII）を導入した。二〇一八年のGIIのランクは、日本は一六二カ国中二三位である。

国連開発計画のGIIでは日本の順位が上昇するのは、前述の世界経済フォーラム（WEF）のGGIとは着目する側面、使用する指数が異なっているためである。前者（GGI）が国の開発レベルを考慮に入れずに男女格差を測定しようとするのに対して、後者（UNDP）のGIIは、ジェンダーの不平等が原因で、人間開発の潜在的可能性がどの程度そこなわれているかを指数で表したものである（UNDP 2011）[1]。

国連開発計画のジェンダー不平等指数（GII）は、リプロダクティブ・ヘルス（妊産婦死亡率と若年妊娠出産率）、エンパワメント（議員の男女比と、初等・中等教育の男女比）、労働市場（女性の労働市場参加率）という、三つの側面、五つの指標によってジェンダー平等の度合いを数値化したものである。

国連開発計画（GII）の順位で、上位に来るのはスイス、デンマーク、スウェーデン、オランダといった国々で、アジアでは韓国が一〇位で日本を上回っている（二〇一八）（**表3**）。

一方、世界経済フォーラムのGGI順位で上位を占めるのは、アイスランド、ノルウェー、フィンランド、ス

表１　WEF ジェンダー格差指数 順位

ランク	国	指数
1位	アイスランド	0.877
2位	ノルウェー	0.842
3位	フィンランド	0.832
4位	スウェーデン	0.820
5位	ニカラグア	0.804
6位	ニュージーランド	0.799
7位	アイルランド	0.798
8位	スペイン	0.795
9位	ルワンダ	0.791
10位	ドイツ	0.787
…		
16位	フィリピン	0.781
…		
106位	中国	0.676
…		
108位	韓国	0.672
…		
112位	インド	0.668
…		
121位	日本	0.652

表２　WEF 分野別日本のジェンダー格差指数と順位

分野	2006		2020	
	順位	スコア	順位	スコア
総合	80	0.648	121	0.652
経済活動の参加と機会	83	0.545	115	0.598
教育	60	0.986	91	0.983
健康と生存	1	0.980	40	0.979
政治的エンパワメント	83	0.067	144	0.049

出典：The Global Gender Gap Report 2020（http://www3.weforum.org/docs/WEF_GGGR_2020.pdf）をもとに作成

表３　国連開発計画（UNDP）GII の順位

2018年 順位（値）	国名
1位（0.037）	スイス
2位（0.040）	スウェーデン
2位（0.040）	デンマーク
4位（0.041 ）	オランダ
5位（0.044）	ノルウェー
6位（0.045）	ベルギー
7位（0.050）	フィンランド
8位（0.051）	フランス
9位（0.057）	アイスランド
10位（0.058）	韓国
…	
23位（0.099）	日本
…	
27位（0.119）	英国
…	
42位（0.182）	米国

出典：https://www.jp.undp.org/content/dam/tokyo/docs/Publications/HDR/2019/UNDP_Tok_HDR2019_Overview.pdf 他をもとに作成

ウェーデンといった北欧諸国で、アジアではフィリピンが一六位に位置づく。

世界経済フォーラムのジェンダー格差指数（GGI）で日本が極めて低い順位になっているのは、とくに政治、経済分野における男女差が大きいためである。

日本は、男女雇用機会均等法（一九八五年成立）から三〇年以上、男女共同参画社会基本法（一九九九年成立）、女性活躍推進法（二〇一五年成立）と法整備を進めつつも、政治や経済といった公的領域での女性の活躍は限られている。教育分野で指導的役割を担っている女性の割合も低い。具体的な女性割合を調べてみると、国会議員については、参議院議員で二割（二一・〇％

二〇一九年六月現在)、衆議院議員では一割に届かない。法律分野の女性比率は上昇傾向にあり、裁判官、検察官の割合は二割を超えたが、弁護士割合は二割以下である。高校、中学の校長は一割以下、防災の審議会や、オリンピック委員会役員の女性割合も低い（**図1**）。

　このように、世界のなかの日本の位置づけをジェンダー視点から見てみると、日本は男女平等が十分達成されていない社会状況にあることがわかる。

　決定権のあるポジションや政権内に女性が一定割合就くことは、女性の権利にとって重要であるばかりでなく、統治の本質なところで、既存の規範に縛られない変革の可能性をもたらす。公的領域における性差別解消に向けた政府、自治体、企業、教育、地域的取り組みが一層求められている。

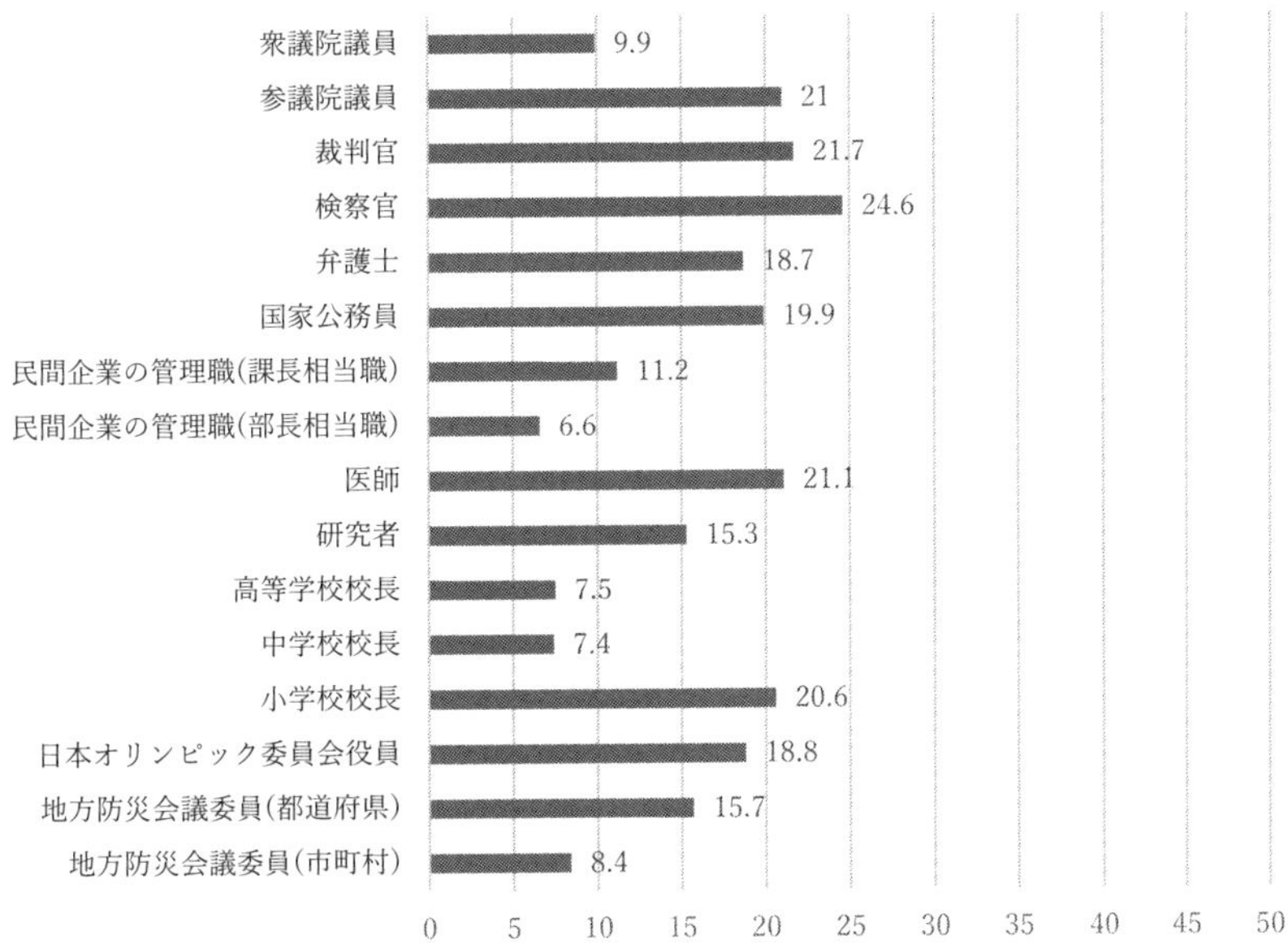

図1　各分野において女性が占める割合（日本）

出典：男女共同参画白書 2019 (www.gender.go.jp/about_danjo/whitepaper/r01/zentai/pdf/r01_genjo.pdf) 等のデータをもとに作成

2　ジェンダー平等の鍵は教育

ジェンダー平等社会の実現の鍵は教育にある。それは一朝一夕にはいかないものの、女性のエンパワメントの重要な要素である。

ここで本書の鍵概念を整理しておこう。まず、ジェンダーについて。

ジェンダー（gender）は「社会的・文化的につくられた性別」を意味する。ジェンダーはもともと、ラテン語の「分類」を意味し、ヨーロッパ語の名詞の性別（たとえばフランス語の男性名詞、女性名詞）を表す文法用語として使われていた。そのジェンダーに新しい意味を与えたのが、一九六〇年代の欧米で活発化した第二波フェミニズムであった。

ジェンダー概念は、第二波フェミニズムを契機として登場した女性学のなかから生み出された。生物学的に宿命づけられた性（sex）ではなく、社会的・文化的に構築された性（gender）の意味を獲得することによって、フェミニズム理論は社会における男女間の不平等を照らし出す新しい概念を手に入れたのである。

もう一つの鍵概念である女性のエンパワメント（empowerment）は、女性が自ら力をつけることを意味する。エンパワメントにおける力とは、上からの押しつけでの力ではない。草の根の女性たちが自ら「力をつけて」連帯して行動することによって、自分たちが置かれた状態や位置を変えていこうとする、下から上へのボトムアップに結びつく力を指している。この考え方は、ナイロビで開かれた第三回世界女性会議（一九八五年）以降に広まり、国連など世界的に広く用いられるようになった（村松・村松編 一九九五）。

世界に目を向ければ、開発途上国の子どもたちの非識字率は確実に減少している。とはいえ、世界で今なお七億五千万人の人々が読み書きできないとされ、六歳から一四歳の子ども一億二四〇〇万人が学校に通えていない（UNICEF二〇一七 世界子供白書）[2]。開発途上国のなかでも、サハラ以南のアフリカ、南アジア地域では識字率の男女間格差がある。その背景には、永続する家父長制的社会・文化構造がある。そのため、女性、少女を読み書きできない状態にしておくことで、家庭内に閉じ込め、経済的依存、家庭内での束縛が強化され、女性自身の財産、健康、法的権利を管理し、理解する能力は低下させられる。貧困と教育機会の不平等の根底にはジェンダー問題があるのだ。

一方、先進国がもともとジェンダー平等な教育をしてきたかといえば、そうとは言えない歴史がある。アメリカの教育社会学者ジーン・H・バランタイン（Ballantine 他訳書 二〇一一：一六四―一六五）は、教育システムにおける明示的性差の歴史について、次のようにいう。アメリカ独立革命ののち、幼い子どもの教育と道徳規範の伝達は、女性の責務となった。そのため男性優位の社会において、女性はある程度の教育を受けられるようになり、むしろ推奨されるようになった。ただし、一八八〇年代のアメリカの教育の事例として「女性は算数を学ぶことを認められ、割り算までわかるものも出た。それは彼女が機織りをするので縦編みの計算に算数が必要」との理由付けが要ったことを挙げている。

社会のシステムは、性役割に基づく行動や期待の伝達を、学校に依っている。性役割の行動と期待の伝達は、ある部分ではカリキュラムにおけるコースや教科書を通して、性別による特権と責務の割り当ての構造を通して、公式に「見える」形で行われてきた。しかし、教育における男女の同等の扱い（アメリカではタイトルⅨ「教育における性の平等を定めた法律の条項」がある）が法的に定められるなかで、表立った性別ステレオタイプの教育は影を潜めたかに見える。他方で、学校教育の場での、非公式な「隠れた」カリキュラムを通して、性別ごとのステレオタイプの密かな伝達は続いている。

3　知識伝達の構造

知識とは日常的経験、認識、学習などの作用を通して得た内容の集積である。学術的に整理しておくと、哲学的定番としてはエピステーメとドクサがある。エピステーメ（episteme）とは、ギリシャ語で「知識」を意味し、真の知識としての理性的知、確実な認識、不変の存在について成立する学問的知識であり、それに対して、ギリシャ語の dokuo（思う）から出たドクサ（doxa）は、感覚に基づく臆見を意味するとされてきた。世界や人間の根本原理を追及する哲学においては、認識の真理条件にかかわる知識として、エピステーメ（確実な認識、学術的知識）とドクサ（誤りを含む不確実な知識）の双方が重要となる。

一方、社会学における知識は広く、「文化的所産の全域」（R・K・マートン）を意味する。とくに知識のイデオロギー性、知識と社会的・文化的存在要因とのかかわりに注目するのが社会学的知識論の特徴である。たとえば、マートンは、知識を広く解釈し、観念、イデオロギー、哲学、科学、法的、倫理的信念など、実質上文化的所産の全般を社会的、文化的諸要因との関連において取り扱うと捉えた（天童編二〇〇八）。

知識社会学は、知識と存在との関係に注目し、知識やその体系としての学説や理論を集団、社会状況との関連において理解しようとする。マンハイムに代表される知識社会学のこのような見方は、知識という文化的表現を通して社会を研究する点では文化社会学とかかわっている。

他方、バーガーらの提起したアプローチは「何が知識として自明視されているか」との問いから出発して、「現実としての知識」の社会的構成を問題にする（Berger & Luckmann 1966）。

本書では、教育社会学とジェンダーの交叉から、知識をグローバルに問い直す枠組みを提示する。とくにアップルの批判的教育学、バーンスティンの教育言説論、そしてフェミニズム知識理論を取り上げる。

4　学校知識と正当化機能

知識は、学校知識と日常知識の二類型で捉えることができる。学校知識は教育知識（educational knowledge）といいかえてもよい。それは、学校において伝達される知識内容と認知様式を指し、その特徴は、日常知識（生活に根ざした実践的知識）の文脈から切り離され、正当化された知識である。

知識伝達は家庭、学校、社会、メディア等の場面で行われる社会的作用である。とりわけ学校は、教育という営みを通して、知識の正当化、社会化、人員配分の機能を果たしている。つまり学校は子どもを、学習を通して社会化し、社会に送り出す機能をもっている。産業社会のなかの学校教育は、職業社会へと生徒・学生を送り出す人員配分の機能を果たしてきた。また、学校は、知識の正当化、フォーマルな公式のカリキュラムを通して、選別され、正当化された知識を、「真理の教授」として疑いの目を受けることなく伝達する役割を担ってきた（Apple 1979）。

知識はだれのものか。この問いへの応答において、学校教育への批判的視点の一つは、イリイチ（Ivan Illich）のいう「神話としての教育制度」である。近代への批判をベースにイリイチは、学校化社会のなかで、人々は自己学習や自己治療は信用できないものとみなすようになり、教師、医者、病院などの制度によるケアに従うようになるという。そして、人間自らの育つ力が剥奪され、「精神の貧困」が満ちた状態、そして教育価値が過剰に制度化され、学校に全面依存してしまう意識や態度が蔓延した社会、それが「学校化社会」である。

教育社会学者アップル（Michael W. Apple）もまた、学校の機能が、知識の正当化、すなわち、フォーマルな公式のカリキュラムを通して、選別され、正当化された知識を、「真理の教授」として疑いの目を受けることなく伝達する役割を担っている点を批判的に論じている。

批判的教育学の視点から、彼が「保守的近代化」と呼ぶ社会的状況のなかで、とりわけ貧困層や社会的困難を抱える人々にとって深刻な教育の危機が生み出されていると主張する。アップルが問いかけるのは、「いかなる知識を最も価値があるとみなすのか」、それは「だれの知識なのか」という教育知識の根本的問いである。アップルはパウロ・フレイレとの交流を振り返り、危機を乗り越える一つの方向性として、批判的教育学の現代的役割と課題を力強く論じている（Apple 訳書二〇一七）。

知識の伝達において、学校知識として定義され、正しいもの、真理として、教師から子どもたちに伝達されているのは、実際には広大な知識の海原（知識の社会的在庫 シュッツ）から、正当な知識として、選別され、組織化されたごく一部の知識にすぎない。そして、学校知識としてカリキュラムに整然と並びたてられる知識の束は、その時代、その社会の政治的意図（権力）と無縁ではないのである（天童二〇二〇）。

5　知識伝達とジェンダー――だれのための知識か

なにを「知識」とみなすのか、だれにとっての「知識」なのかを問うことは、知識伝達とジェンダー研究の根本的な課題である。フェミニズム知識理論の出発点は、既存の学問において「知識」とカウントされるもの、科学的、合理的、客観的な知とされるものの妥当性を問い、選抜された知識が「真理」として正当化される立場に潜む、男性中心的な知の生成秩序に疑問を呈するところにある。

前述のアップルは、学校という場は「支配的集団のイデオロギー的ヘゲモニーに貢献するような規範、価値、性向、文化を教えるヘゲモニー装置」として、不均等に階層化された社会秩序を維持・再生産する「隠れた／隠された機能」をもっているという(Apple 1979)。そこから「隠れたカリキュラム」研究が展開され、公的な学習内容の配置(公式のカリキュラム)だけでなく、学校生活のなかで子ども、生徒が従うべき暗黙のきまりや規制、いわば「もう一つの3R」(ルール、ルーティーン、レギュレーション)(Ballantine 他訳書 二〇一二)があることが指摘された。とりわけ、学校教育におけるジェンダーの不平等の再生産装置の側面に注目したのが、「隠れたカリキュラムとジェンダー」研究である。

学校は一般に、男女均等を原則とし、「正しく中立的な」業績主義、能力主義を前提とした知識伝達の場と思われている。しかし、ときに可視的・不可視的に、当該社会の支配的文化のイデオロギー的伝達の場ともなる。それが、能力主義とセクシズム(性差別主義)の両輪が作動する、不平等の再生産装置としての学校教育の隠れた顔である（天童二〇一九）。

学校という場で生徒が学習するのは教科書の伝達内容だけではない。学級活動、クラブ活動、教師のことばや態度、他の生徒たちとの相互作用、メディア接触等も、子ども、生徒の意識形成に影響を及ぼす。それゆえ、学校文化全般へのジェンダーに敏感な（gender sensitive）視点に立つ教育の営みが欠かせない。この点は次章（2章4節）で詳しく述べよう。

注

1 国連開発計画（ＵＮＤＰ）のＧＩＩについては https://www.jp.undp.org/content/tokyo/ja/home/library/human_development/human_development1/hdr_2011/QA_HDR4.html

2 ＵＮＩＣＥＦ世界子供白書二〇一七 https://www.unicef.or.jp/sowc/pdf/05.pdf

2 フェミニズムで読み解く知識理論

1 フェミニズム知識理論の展開

フェミニズム――波のメタファー

フェミニズム(feminism)は、フェミナ(女)という語から派生したことばで、女性解放の思想、運動、理論を指す。男女間の不平等や差別を認識し、是正し、不平等の克服を目指す思想、運動、理論の総体である。

フェミニズムの歴史的転回は波のメタファー(比喩)で表わすことができる(**図2**)。

第一の波は一八世紀から一九世紀、近代フェミニズムの登場・展開期である。その契機をさらに遡れば、イギリスのメアリ・ウルストンクラフト(Mary Wollstonecraft)による『女性の権利の擁護』(一七九二)は、ルソーの教育論の批判的検討のもとに、女性もまた男性と同等に理性、美徳、知識を身につけるべきと主張し、これは第一波フェミニズムの思想的基盤となった。一九世紀の第一波フェミニズム(リベラルフェミニズム)は、公的領域における男女同等の市民権、法の下の平等、教育の機会均等等を求めた。

フェミニズムの波	第一波フェミニズム	第二波フェミニズム		第三の潮流	第四の波？
主なフェミニズム理論	リベラルフェミニズム	ラディカルフェミニズム	マルクス主義フェミニズム	ポスト構造主義フェミニズム，ブラックフェミニズム	グローバルフェミニズム
鍵概念，知識・教育問題の視点	女性の参政権獲得，法の下の平等 機会均等 教育の男女同等のアクセス	性支配，知識の男性中心主義批判	家父長制と資本制，再生産労働の無償化，ジェンダー・コード	性別二元論の問い直し， 言説と権力， 多様性，権力と知	平和，環境，女性の貧困，経済危機，女性への暴力 SNS を駆使したグローバルなつながり ＃Me too 運動

図2　フェミニズムの展開

天童 2017 をもとに作成 ©Tendo, M.　作図協力 斎藤綾乃第二波フェミニズムは一九六〇年代後半から七〇年代の欧米に始まり世界的に波及した。それは、とりわけ労働市場や家庭、教育、メディアといった日常のあらゆる場や機関に浸透した、性差別的慣習や文化の変革を目指す女性解放の潮流である。

第二波フェミニズムの胎動は、教育、学問へのインパクトを与えた。大学改革運動とフェミニズムとが結びついて生まれたのが女性学（women's studies）である。

女性学は日本でも一九七〇年代に紹介され、「女性の、女性による、女性のための学問」（井上輝子）との定義が知られている。「女性学とは一言でいえば、女性の視点からする学問の見直し運動」（井上二〇一一：八）として始まり、学際的広がりをもつに至っている。

第二波フェミニズムの興隆ののち、八〇年代以降は大きな一つの波というより、複数形のフェミニズム（feminisms）の時代となった。ポスト構造主義フェミニズム、ブラックフェミニズム、ポストコロニアルフェミニズムなど、多様なフェミニズムの主張が生まれた。九〇年代以降をポストフェミニズム（post feminism）、あるいは第三の波（the third wave feminism）と呼ぶかをめぐっては論議があった。第三の波（third wave）を明言したのはレベッカ・ウォーカーである。一九九二年、彼女はMs. Magazineへの寄稿において、「私はポストフェミニズムのフェミニストではない。第三の波である」と述べた。これは当時のNew York Timesの記事「フェミニズムは死んだ」（"feminism is dead"）への応答であった（Heywood eds. 2005）。

本書では第三の波にかかわる論者として、ベル・フックス、チャンドラー・T・モハンティらに言及する。

そして、二〇〇八年のリーマンショックに端を発するグローバルな経済危機以降の女性運動を、フェミニズムの第四の波と呼ぶものもいる(Pitcher & Whelehan 2016:168)。

二〇一四年九月、国連のUNウィメン親善大使を務めたイギリスの俳優エマ・ワトソンは、国連本部でのスピーチ(Heforshe)でフェミニズムの現代的意味を力強く発言している。二〇一七年、大手辞典メーカーWebsterがその年のことばとして選んだのはFeminism。アメリカのメディア界での女性に対する性的侵害への告発に端を発した「#Me Too」運動が、世界的なうねりとなった年であった。第二波フェミニズムから半世紀を経て、再びフェミニズムの新たな波が注目されている。

ガラスの天井を打破する挑戦は労働の場、政治の場で続いている。ソーシャルネットワークサービス(SNS)を駆使したグローバルな市民的活動が可能な時代、セクシュアル・ハラスメント、性暴力、女性の非正規雇用化、貧困、環境問題、平和構築などをめぐって、ローカルとグローバルをつなぐ女性の連帯が生まれている。この動向は第三の潮流のひとつ、グローバルフェミニズムの展開と見ることもできる。

ナイジェリアの作家、チママンダ・ンゴズリ・アディーチェは、娘をもつ友に向けた「フェミニスト宣言」で、女の子だからと性役割に縛られず、自立すること、質問すること、本を愛すること、自分らしく生きることを提案している(Adichie 2018)。

人権とは「だれ」の権利か――オランプ・ド・グージュを知っていますか

ここで歴史を振り返ってみよう。前述したように、一八世紀から一九世紀、リベラリズム(自由主義)とフェミニズムが結び付いたリベラルフェミニズムが生まれた。その主張は、公的領域における両性の平等にあり、女性の参政権獲得運動を特徴とした。イギリスのメアリ・ウルストンクラフト、フランスではオランプ・ド・グージュの活動があった。

ヨーロッパの近代市民社会の成立は、産業革命、および啓蒙思想の発達ともかかわっている。イギリスの産業革命は、小農民を駆逐し、熟練職人の意義を奪い、大量のプロレタリアート、とくに女性と児童を労働市場に駆り出すなどして、人びとの生活を根底から変えつつあった。アメリカ独立、そしてフランス革命における「人間の権利」の主張と、既存の伝統・因習に対する理性・自由・平等の思想の登場という背景があった。とはいえ、ヨーロッパの近代市民社会は、「市民」からの女性の排除という歴史の側面をもっていたことをおさえておかねばならない。

人権（human rights）というとき、それは、人間が人間として有する固有の権利であり、万人がもつべきものと思われている。しかし、歴史を振り返ってみると、「人」としての権利において、女性はそのカテゴリーから排除されてきた。

たとえば、フランスの「人権宣言」。「自由、平等、博愛」で知られるフランスの市民革命により提起されたこの宣言は、人民の自由・平等の権利に関する宣言とされている。しかし、実のところ、「人」のなかに女性は含まれていなかった。

フランスで一七八九年八月に出された「人権宣言」（人民の自由・平等の権利に関する宣言）は、直訳すると、「男性（homme）および男性市民（citoyen）の権利宣言」（Déclaration des droits de l'homme et du citoyen）であった。

しかし、この「人としての権利」が、男性および男性市民の権利の宣言にすぎないことを見抜いたのが、オラ

写真1　オランプ・ド・グージュ（Olympe de Gouges, 1748-1793）

ンプ・ド・グージュである。彼女は、女優、劇作家として、当時パリの社交界やサロンで注目を集めていた。そして、男性と同等の権利を求めて「女性および女性市民の権利宣言」(Déclaration des droits de la femme et de la citoyenne) を発表した（一七九一年）。この「女性の権利宣言」は、一七八九年の「宣言」にならって、前文と一七箇条から構成され、その第一条で「女性は、自由なものとして生まれ、かつ、権利において男性と平等なものとして存在する」と記している。権利主体としての女性を明示した「女性および女性市民の権利宣言」は、いま読むと至極当たり前のことに見えるのだが、当時、女性の権利の無視に対する批判をこめた彼女の言動は「過激なもの」とみなされ、グージュは捕えられ、一七九三年一一月に断頭台に送られた。「自由 (liberté)、平等 (egalité)、博愛・兄弟愛 (fratanité)」の美辞は、男性と男性市民のものでしかなかったのである。

「女性の権利宣言」の第一〇条で、「何人も、自分の意見について、たとえそれが根源的なものであっても、不安をもたされることがあってはならない。女性は、処刑台にのぼる権利をもつ。同時に、女性はその意見の表明が法律によって定められた公の秩序を乱さない限りにおいて、演壇にのぼる権利をもたなければならない。」と述べている。彼女自ら命を賭けて、言論の自由と女性の権利を示したような最期であった(**写真1**)(ブラン 訳書二〇一〇、天童二〇一七)。

女性の参政権とリベラルフェミニズム

近代フェミニズムの展開過程において、第一波フェミニズムの代表格、リベラルフェミニズムの思潮の中心は、公的領域における女性の権利、とくに女性の参政権獲得運動にあった。鍵概念としては、女性の男性と同等の市民権、政治参加、法の下の平等、教育や労働における機会均等が挙げられる。

女性の参政権獲得を主軸に据えた女性運動は、イギリス、アメリカ合衆国を中心に一八六〇―八〇年代に始まり、一九二〇年代に終息したとされている。

アメリカでは独立戦争から七〇年余りたった一八四八年七月、ニューヨーク州セネカ・フォールズで開かれた大会が契機となり、これを機に女性権利獲得を求める動きは大きなうねりとなっていった。

女性参政権獲得の道は平坦ではなかったが、アメリカでは若きフェミニスト、アリス・ポールがイギリスに渡り、その地の女性参政権運動家から学んだ戦術をアメリカに持ち帰って、「女性参政権議会連合」(CU)を組織し、一九二〇年に女性参政権を認める憲法修正案第一九条の批准にこぎつけた。イギリスでもいくつかの経緯を経て、一九二八年に認められた。

ちなみに世界で最も早く女性の参政権を認めた国はニュージーランド(一八九三年)、旧ソビエト連邦は一九一七年、フランスは一九四四年であった。アジアではタイが一九三二年、日本の女性の参政権獲得は第二次世界大戦後の一九四五年のことである（大海二〇一〇、竹村二〇〇〇）。

第一波フェミニズムのうねりは、参政権獲得運動の成功をもたらし、このことは、法制的にも象徴的にも女性の公的なアイデンティティを確立させ、抑圧からの女性の解放を告げる一里塚であった。

性別ステレオタイプを問う視点

知識論においては、教育の機会均等、男女同一のカリキュラム、進学率の格差是正と、リベラルフェミニズムの主張は重要な役割を果たしてきた。

具体的にはジェンダー・ステレオタイプの押し付けや性役割からの「自由」、男女の教育の機会均等と同等のアクセス、女子の不利益や女性への抑圧をもたらす障壁の除去の徹底である。さらには就労上の性差別を是正する法整備や施策の具体化など、このアプローチは目前の社会問題に対処しうる強みがある。

リベラルフェミニズムのアプローチは実際、職場、教育制度、マスメディアといった領域での性的偏見や女性差別を問題視し、法律の制定や法改正といった民主的手段によって女性と男性の均等な機会を要請してきた歴史をもつ。とりわけ日本では、歴史的な経緯のみならず、現代の社会に今なお永続する社会的性差別に抗う方策としてリベラルフェミニズムの視点と方法が、一定の効果をもつといえるだろう。

2 シモーヌ・ド・ボーヴォワールの先見性

「人は女に生まれない、女になるのだ」

Simone de Beauvoir, 1949

第二波フェミニズムを語る前に、シモーヌ・ド・ボーヴォワールのフェミニズム的貢献を述べておく。フランスの文学者ボーヴォワールの『第二の性』(一九四九)の一節は、ジェンダー概念の登場以前に、ジェンダーの社会構築性を語ったものとして引用されてきた。

ボーヴォワールは一九〇八年生まれ、彼女はフランスにおいて名高い難関試験「教授資格試験」(哲学)に合格した九番目の女性であり、最年少の合格者であった。ブルデューがいうところの「奇跡の訪れた人」――奇跡的例外――である。

ボーヴォワールは、哲学者サルトルとの別居結婚でも知られているが、彼女が公私において抱えた葛藤と矛盾の原因の多くは、サルトルの存在に起因していた。学生時代の二人の出会いは、優秀な「哲学」の学生であったボーヴォワールに、哲学ではなく、文学の道を選ばせた。「サルトルだけにはかなわない」と。

フランスのフェミニズム思想に詳しいトリル・モイ(Toril Moi)は、ボーヴォワールを「二〇世紀を象徴する知識人女性」と位置づけ、家父長制的世界に生きる知識人女性の葛藤と矛盾を、ボーヴォワール自身の著作から読み解いている。モイは、ボーヴォワールの小説の題材から、そこに「性愛的なもの」と「理論的なもの」を並べ「彼を尊敬することができなければ、彼を愛することもできない」という彼女の「欲望」を見出している。

高等教育が女性にとっての「無類の好機」であった時代、ボーヴォワールは、少数のエリート層として、従来男性だけで占められた世界のなかで注目を集める存在であった。しかし、自身が中年期になるころ、教育のある女性であることは、教育のある男性でいることと同じではないと気付く。

一九四六年ボーヴォワールは、サンジェルマン・デ・プレのカフェで、自分自身のことについて書きたいと、『第二の性』を書きだした。「人は女に生まれるのではない、女になるのだ」(第Ⅱ巻(上)一二)。問題はどのようにして「なる」のか、である。

ここで留意すべきことは、ボーヴォワールが、「運命」が生物学や身体構造によって定められているとの考え方をきっぱりと否定している点である。彼女が論じているのは、生物学や「身体構造上の特権」に意味を与えるのは、むしろ社会的なコンテクストであるということだ(Moi 訳書二〇〇三：三一八―三二九)。

モイは、「知識人女性」は、精神と身体、分別と誘惑という伝統的な家父長制的二分法を受け入れることを拒否する女性を指す(Moi 訳書二〇〇三：五二)という。ボーヴォワールの先見性は、家父長制イデオロギーの強力な系譜の知識環境なかで、性の社会的構築を明言したところにある。

3　知識の男性中心主義を問い直す——第二波フェミニズム

第二波フェミニズムは、一九六〇年代後半から七〇年代の欧米に始まり世界的に波及した。一九世紀に欧米で展開された女性の市民権、女性の参政権獲得を主眼とした第一波フェミニズムと区別して、第二波フェミニズムと呼ばれる。ここでは知識論の視点から第二波フェミニズムの代表的主張として、ラディカルフェミニズムとマルクス主義フェミニズムを取り上げる。

ラディカルフェミニズム——性と身体の支配

第二波フェミニズムの代表格であるラディカルフェミニズムは「個人的なことは政治的なこと」(The personal is political) との標語で知られる。ラディカルフェミニズムは、女性の抑圧の根源を、男性による性支配によるものと捉え、個々の女性が被る暴力や嫌がらせといった事柄は個別的なことではなく、社会のなかで女性たちに加えられる抑圧の表出であるとした。

ラディカルフェミニズムにおける知識論の特徴は、教育制度、文化、知識の男性中心主義を問う点にある。ラディカルフェミニズムにおける知識論はこの点でまさに根源的 (radical) である。

このフェミニズムの理論的貢献は、家父長制 (patriarchy) の再定義、すなわち「男性による女性の体系的・総体的支配」の概念化にある。

家父長制とはなにか

家父長(patriarch)の語源は古代ギリシアに遡り、父(pater)支配(arche)を組み合わせた語であった。また家父長制はマックス・ウェーバーの支配の三類型(合法的・カリスマ的・伝統的支配)において伝統的支配の一つであった。

フェミニズムにおける家父長制は、「男性による女性の体系的・総体的支配」を意味する。家父長制とは「男性が女性を支配し、抑圧し、搾取する社会構造と実践のシステム」と述べるウォルビーは、家父長制が作動する構造として次の六点を挙げている。世帯内の生産関係(女性のアンペイドワーク)、有給労働(女性特有の職種、低賃金)、家父長制国家、男性の暴力(個人的な事柄に見えるがシステマティックなパターンとしての暴力)、セクシュアリティにおける家父長制(強制的異性愛と性行動の二重基準)、そして家父長制的文化の諸制度である。とくに六番目はメディア、宗教、教育を含め、女性を「家父長制という檻」のなかに押し込める文化的制度を指している。

人間にとっての知識(human knowledge)というとき、それは人=男性(man)を暗黙の前提としてはいないか。女性の視点はどれほど取り入れられてきたのか。ラディカルフェミニズムは既存の慣行に挑戦する女性中心の知識を提起しようとした。

すなわち、あらゆる教育段階における男性支配のことばと男性中心のメカニズムを見直すこと、教育の場における日常的な性の政治性への関心と抵抗を呼び覚ますことである。この考えは、性支配からの解放には、女性による女性のための学びの場が有効であるとの教育実践と結び付く(Spender 1982)。

ラディカルフェミニズムの流れを汲む文化派フェミニズム(cultural feminism)はとりわけ、支配的な知の世界への異議申し立ての切れ味をもっていた。家父長制的文化に対抗するオルタナティブな文化の創造、女性的な(カ強い）文化による音楽、芸術、科学、医学といった、既存の学問の女性視点からの問い直しを目指した。

リベラルフェミニズム、マルクス主義フェミニズムなどが女性と男性の対等・均等を志向する点で「平等」のフェミニズムといわれるのに対して、文化派フェミニズムを含むラディカルフェミニズムが「差異」のフェミニズムと呼ばれるのは、女性本来の価値や美徳を強調し、再設定し、家父長制的支配に抗うことを強調するためである。

マルクス主義フェミニズム――資本制と家父長制の複合支配

マルクス主義フェミニズムの鍵概念は資本制と家父長制の複合支配である。マルクス主義フェミニズムは資本主義体制のなかで見過ごされてきた再生産労働、すなわち家事、育児、介護、出産等の再生産労働に注目した（たとえば M. Dalla=Costa）。性別役割分業のなかで、女性が担う再生産役割によって資本制は多くの利潤と利益を得ているにもかかわらず、それを無償化し、不可視化しているとした。

さらにナタリー・ソコロフ（Natalie Sokoloff）ら後期マルクス主義フェミニズムの論者は、家父長制的搾取と資本制搾取の分かちがたく結びついた相互依存的関係から、女性が二重に抑圧される状況を見出している。

ソコロフが一九八〇年に著した『お金と愛情の間』（*Between Money and Love: the Dialectics of Women's Home and Market Work*）（Sokoloff 訳書一九八七）では、巻頭言（エリーゼ・ボールディング）で、「女性にとって家父長的な関係が家庭と職場の双方で再生産される」こと、女性労働者は、いつなんどき家庭責任のゆえに呼び返されるかもしれない「当てにならない」人間とされ、公的・私的双方の領域の地位と権力の最底辺に固くつなぎとめるよう作用しているとの一文がある。第二波フェミニズムが四〇年前に提起した問題が形をかえながらも存続していることに気付かされる。

4　隠れたカリキュラムとジェンダー統制

知識伝達の課題について、教育社会学とジェンダーの観点から考えてみたい。教育は知識の獲得、伝達、構築においてもっとも基本的なプロセスと理解されてきた。ジェンダーの視点から知識社会を考察するうえで重要なのは、知識と権力のかかわりへの着目である。

支配的イデオロギーの密かな伝達

学校の内部システムには、役割や構造からなる公式の部分と、非公式の側面とがある。学校の非公式の側面とは、隠れたカリキュラム、教育風土、生徒と教員の間などの見えない権力関係といったものである。

隠れたカリキュラム (hidden curriculum) はフィリップ・ジャクソンの造語とされているが、諸説ある。当初その意味は「クラスルームの集団的雰囲気を意味する社会心理的な形容的記述概念」であった。

社会的再生産論においては、隠れたカリキュラムの社会統制機能は生徒の社会階級を再生産するものとみなされた (Bowles & Gintis 1976)。たとえば労働者階級の生徒は、学校で退屈さにうまく対処することを学ぶ。そのことが労働者階級の生徒たちを仕事上の退屈な生活に耐えることができるようにさせる。学校の隠れたカリキュラムは学校内の多数派によって代表される階級的「ニーズ」に対応するとの分析もある。労働者階級の子どもが多い学校では、機械的に段階的な手順に従うことが重視され、意思決定や選択、なぜそれが特定の方法でなされるのかの説明はほとんどない。対照的に、富裕な専門職の家庭の子どもが多い学校では、自主的に行われる創造的活動が重視される。生徒は発想や考えを言葉で表現し、それらを使ってその発想について考えることを求められる(Ballantine 他 訳書二〇一一：三六四)。

隠れたカリキュラム、この用語を、教育制度が隠し持つ「政治性の隠ぺい」の視点から体系的に論じたのはエリザベス・ヴァランス(Elizabeth Vallance)である。

彼女はアメリカを例に、①一八三〇年代(英国植民地時代)以前の、家庭と教会を中心とした地域コミュニティに限定された社会化の時代、②一九世紀半ば(一八三〇―六〇年頃)の移民の増加と都市化のなかで公教育の確立が求められた時代、そして③南北戦争以降(一八六〇―一九〇〇年頃)の産業化の拡大のなかで、一国規模の中央集権的教育が制度化されていく時代という3つの時代区分のもとに、教育の変遷を追った。そして、当初学校教育の役割は、労働者や移民への「徳目の教え込み」という、明らかな統制機能であったが、公教育としての学校教育が制度化されるなかで、次第に教育のもつ「統制」機能は前面に押し出されなくなったこと、さらに社会秩序の内面化、従順な労働力の形成を企図した大衆教育が、学校生活への「適応」という方法によって、その政治的性格を見えないものにしていったことを明らかにした。つまり、教育における「隠れた統制機能」は、それが十分に作動することにおいて、隠されたものになるのである(Valance 1973/1974)。

このように見てくると、隠れたカリキュラムは単に正規のカリキュラムに対するインフォーマルな部分を意味するのにとどまらない。それは第一に、当該社会で支配的な文化と価値のイデオロギー的伝達の側面をもつ。第二に、教師はカリキュラム的知識を機械的に児童・生徒に伝達するのではなく、言語的命令、行動的指示といった顕在的手法で伝えるとともに、何気ない仕草、まなざし、顔色による意志表示を通して潜在的メッセージを伝えている。これが「言明されない価値規範のシステム」的伝達の側面である。そして第三に、教師と生徒、生徒同士の相互作用のなかで、意味付与を通して構築される「解釈的ネットワーク」の側面をもち、ここにおいて隠れたカリキュラムはシンボリックに構成される(柴野 一九八二)。

隠れたジェンダー統制

前述したように、学校教育は平等主義を原則とし、成績評価による業績主義、能力主義を前提とするシステムとされている。しかし、社会における「支配的な文化と価値のイデオロギー的伝達」が、何気ない教師の言明や、生徒間相互作用により構築されるとき、不平等の再生産装置としての学校教育のもう一つの顔が見えてくる。

文化的再生産とジェンダー研究においては、一九八〇年代から九〇年代、バーンスティンのコード理論をジェンダー視点から応用した「ジェンダー・コード」(Arnot 1982)、ブルデューの文化的再生産論をふまえた、『娘の学校』(Duru-Bellat 1990)、アメリカではサドガーらによる『「女の子」は学校でつくられる』(Sadker & Sadker 1994)など、学校教育と学校文化に潜む権力と差異化のメカニズムや実践を明らかにする研究が生み出された。このようなジェンダー視点に立つ教育研究は、学校教育がもつ「表層的」平等主義・能力主義と、社会に支配的な価値規範の秘かな教え込みという「隠れたカリキュラム」の二面性を鋭く指摘するものであった。

日本における教育社会学とジェンダー研究の代表例としては、たとえば木村涼子(一九九九)が、小学校六年生を対象に教室内相互作用の観察から、男子の「雄弁」と女子の「沈黙」が教室を特徴づけているとする。また、幼児教育の場では、藤田由美子(二〇一五)が幼稚園・保育園のエスノグラフィから、園の先生、保育士による「なにげない」カテゴリー化として、男子・女子のジェンダー呼称が集団の統制にしばしば用いられていることを指摘している。

学校教育の場は、性別による不平等が見えにくい「能力主義」と「平等原則」に彩られている。学校が表向きには機会の「均等」を保障し、男女に同一の教科を教えるとしても、日々の教育実践のなかで、ジェンダー・バイアス（性にまつわる偏った見方）は生成・再生産される。

5　ジェンダー・コード

知識とジェンダーの研究において、マルクス主義フェミニズムの貢献は大きい。とりわけ、学校教育が階級構造の再生産のみならず、セクシズム（性差別主義）に基づいた性別ステレオタイプを伝達しており、その結果教育達成における階級格差とともに、ジェンダー格差が生じていることを指摘する理論と実証的研究が多く生み出された。その嚆矢としては一九七〇年代、イギリスのローズマリー・ディーム（Rosemary Deem）による『女性と学校教育』（*Women and Schooling* 1978）が挙げられる。当時欧米では、教育と不平等研究において、社会的・文化的再生産論が注目を集めていたが、ディームは、そこにはジェンダーの不平等の視点が欠落していることを見抜き、不平等の再生産における「階級構造と性別分業システムのセット」への着眼を主張した。この論点を、権力関係の視点を盛り込み、より洗練させたのがマデリン・アーノット（Madeleine Arnot）である。アーノットは階級関係とジェンダー関係双方の構造的序列への関心のもとに、バーンスティンのコード理論を応用して「ジェンダー・コード」

を提示した(Arnot 1982)。

バーンスティンのコード理論

イギリスを代表する教育社会学者、バジル・バーンスティン(Basil Bernstein)のいうコードとは「意味を具現化する形式、意味を生み出す文脈の統合的な規制原理」(Bernstein 1971)である。コード理論には二つの鍵概念(類別(classification)と枠づけ(framing))がある。類別とは、境界の強弱であり、知識内容の分離の程度である。「なに(what)」を教えるかの境目を分離する程度のことといってよい。一方、枠づけは、「いかに(how)」教えるかのコミュニケーションの枠組みの統制と捉えることができる。

バーンスティンの研究展開を辿るならば、彼は、階級構造というマクロ分析と、言語的コミュニケーションというミクロ分析を統合しようとする発想のもとに、社会階級と言語のかかわりを「限定コード」「精密コード」と名づけた独自の言語コードで理論化した(一九六〇年代)。バーンスティンは当時、「社会化の仕方にもっとも重要な影響を及ぼすのは社会階級」であるとし、労働者階級と中産階級の家族メンバーはそれぞれ、「限定コード」(restricted code)、「精密コード」(elaborated code)という特徴的な表現形式を使い、それがひいては、労働者階級の家庭と学校教育の「文化的不連続性」に結びつくとの問題提起を行った。

バーンスティンのいう「限定コード」とは、暗示的で、文脈依存性が高く、濃縮化されたシンボルに基礎を置く語り方(speech variant)であり、「精密コード」とは、合理性のうえに成立し、文脈依存性が低く、普遍的意味秩序に方向づける語り方である。労働者階級の家族やコミュニティでは、一般に彼らが共有する暗黙の意味づけや期待、共通の前提があり、話し手は、聞き手の側でその意図を察してくれるものと考えるため、自分の話す内容を明確に特定化する自発性が養われにくい。

一方、中産階級の文化では、文脈依存性が低い話し方が用いられ、多少曖昧でも聞き手にわかるだろうといった期待をもつことが少なく、話し手はより複雑な語彙を多く使わなければならなくなる。その結果、中産階級の文化では「精密コード」が発達し、より高度に個人的に意味づけられたコミュニケーションが発達しやすい。そして、特定の文脈に縛られず、普遍的な意味伝達を促進させる「精密コード」を得意とする中産階級の子どもたちの言語表現は、学校教育で評価される表現方法と親和性が高い。一方で、労働者階級の子どもたちは、家庭での社会化と学校文化との不連続性に直面することになる。

しかしながら、学校での成績の違いや教育達成の差異は、子どもや生徒自身の「努力」の程度や「天賦の才」に帰され、家庭と学校の言語文化の連続性／不連続性は看過されてきた。このようにバーンスティンの研究の出発点は、「階級と言語」のかかわりとその社会構造的問題にあり、学校教育が内包する「不平等の再生産」の側面を鋭く指摘するものであった。

ジェンダー類別とジェンダー統制

バーンスティンのコード理論は日本でも「ジェンダー・コード」概念として援用され、階級関係のみならずジェンダー関係の不平等の再生産構造の理論化に用いられている(天童二〇〇〇)。

ジェンダー・コードとは「男女のハイアラーキーと社会における男性優位を、自然のものとして受け入れ、再生産する社会の組織化にかかわる概念」である。

ジェンダー・コードは、分析的にはジェンダー類別とジェンダー枠づけに分けて考えられる。ジェンダー類別は、ジェンダーの差異に基づく日常的カテゴリー化であり、ジェンダー枠づけは、男女のハイアラーキカルな秩序(序列)を「自然」なものとして受け入れさせる、隠れた統制と位置づけられる。

現実の知識伝達の場にこれらの概念を当てはめると、ジェンダー類別は、家庭や学校教育の場において明示的・暗示的に示される、性別カテゴリーに基づく「分割」である。知識伝達の場面では、教科の分類(家庭科、技術科の分断といった性別分業型カリキュラムの事例)が明示的であろう。今日、教育や子育ての場面で表立った性役割の押し付けは影を潜めたかに見えるが、幼児教育から高等教育まで、暗黙のジェンダー・カテゴリーに基づく象徴的分割の営みは数多く存在する(たとえば男女別の色分けやおもちゃ、絵本から、進路選択のジェンダー・トラックなど)。

もう一方のジェンダー枠づけは、社会関係や相互作用を規定し統制する枠であり、コミュニケーションを通して行われる統制の様式であり、ジェンダー化された隠れたコントロールを持続し、再配置する規制原理である。

ジェンダーの不平等の再生産は、ジェンダーのカテゴリー化だけでは完結しない。見えない権力を通して類別されたジェンダー・カテゴリーを、暗黙のうちに人々に獲得させ、正当化させ、自ら受け入れさせるヘゲモニックな統制が必要となる。いいかえれば、知識伝達というペダゴジー(教育方法)においてジェンダー平等を具現化する営みには、「なにを」という境界の分離の強弱だけでなく「いかに」という伝達のメッセージ体系のなかに入り込むジェンダー・バイアスへの目配りが欠かせないのである。

6　再生産の戦略と教育の「脱人間化」——教育社会学になにができるか

本章の最後に、知識伝達の課題を考えるうえで示唆的な、ブルデューの再生産論をふまえた「再生産の戦略」、そしてバーンスティンの教育の「脱人間化」に言及する。

再生産の戦略

「再生産の戦略」(stratégies de reproduction) はピエール・ブルデュー (Pierre Bourdieu) が文化的再生産論で提示した概念の応用である。教育社会学、文化社会学、メディア論等、多彩な活躍で知られるブルデューは、文化資本を社会構造における序列と差異化にかかわる資源の一つと見なした。その三つの様態として、(一)身体化された文化資本(たとえば振る舞いや話し方)、(二)客体化された文化資本(物資として所有可能な文化財)、(三)制度化された文化資本(学歴、資格など制度や試験によって賦与されたもの)を挙げている(小内 一九九五)。

現代の教育において、子どもの貧困、教育投資と家族格差など、家族への着目は重要である。新自由主義、新保守主義のなかで子どもの将来をよりよいものにしたいと願う親たちのなかには、我が子への文化資本と経済資本の投資という「再生産戦略」に駆られる層が登場した。そして新自由主義時代の競争原理に基づく表層的男女「均等」政策と並行した、ジェンダー体制の再編的状況においては、矛盾や葛藤が子どもや家族へと向かい、教育と家族の再ジェンダー化の様相も見え隠れする(天童編 二〇一六)。その背景には新たな投資、労働、テクノロジーをめぐるグローバルオークションと呼ぶべき地球規模の市場競争がある。経済のグローバル化が、私事化、競争的個人主義、さらには新保守主義の教育政策と結びつき、公教育の危機をも生み出していく状況は、日本を含む多くの国や地域で見られるものである。

ここでふまえておくべきことは、再生産戦略、すなわち財（経済資本）と文化資本の投入の戦略（具体的には育児と教育のために親が取る選択や選好）は、全員が文化的・物質的資源を対等に保有した状態のもとでなされてはいない、という点である。家族の文化的・経済的格差が子どもの育児と教育の戦略に直結するならば、「世代を超えた不平等の再生産」というブルデューの提示した「古典的」テーマが家族の「現実」として甦りかねない。

ブルデューはまた、教育の営みにおける「さまざまな意味を押しつけ、しかも自らの力の根底にある力関係を覆い隠すことによってそれらの意味を正当であるとする力」を「象徴的暴力」（violence symbolique）と呼んだが（Bourdieu et Passeron 1970）、現代の学校教育という場に持ち込まれた競争原理は、「学校教育における中立性」というヴェールさえも剥ぎ取り、時に、生々しい競争原理を露呈させているように思われる（天童二〇一三a）。

教育の「脱人間化」――三科と四科の諸考察

バーンスティンは「三科と四科の諸考察」（Thoughts on the Trivium and Quadrivium: The Divorce of Knowledge from the Knower）と題する論稿において、知識社会と呼ばれる現代社会の、教育の「脱人間化」（dehumanization）への危惧を論じた。そしてデュルケム（Émile Durkheim）の「聖と俗」の類型を素地として、中世以来の大学の伝統的役割をその学問的構造と照らし合わせながら、現代の知識伝達の危機に言及している。

バーンスティンによれば、中世の大学では、キリスト教（聖）との関係において、文法・修辞学・論理学といった内面的学問（三科）が最も価値があるものとされ、算術・天文学・幾何学・音楽学といった外界的学問（四科）に優先していた。デュルケムは、この三科と四科の間の緊張や対立を、中世の大学が根拠を置いていた二つの言説、すなわちキリスト教の言説（信仰（faith））とギリシア思想の言説（理性（reason））という二つの言説の表れであり、その緊張が大学の発展にダイナミズムを与えているとした。

この知のハイアラーキー（序列）は、近代学校における教科の序列の基礎となるものであった。バーンスティンはこの知のハイアラーキーを、デュルケムの聖と俗に重ね合わせ、聖なる世界に近い内面的学問と、俗なる世界にひらかれた外面的学問との違いとして捉えている（石戸二〇一三：四一―四二）。しかし、今日、公式の知識の組織と方向づけにより、「脱人間化の原理」を持っているとバーンスティンはいう。副題の「知者からの知識の分離」に記されたように、現代の市場原理中心主義による「脱人間化」された知識、すなわち市場化され、商品化され、知る者から離別した知識とその伝達の構造を問題視した。つまり、バーンスティンによれば、現代における「知識社会」は、知識を市場化することによって、そういった内面的・外界的学問の構造を解体させ、知識の「脱人間化」を進めているのであり、知識が内省を経ずして生産され、市場で利用され、さらには新保守主義と結びついた市場原理に従って、外界から内面を分離する（Disconnects inner from outer）ことに教育の危機を見て取ったのである。

知識・権力・再生産

バーンスティンはさらに次のようにいう。「知識は、【中世の大学成立から】およそ千年後には、内省から分離され、文字通り脱人間化している。ひとたび知識が内省から、人のかかわりから、人の専心から、自己の深部の構造から分離したら、そのときには、人々は自在に移動し、取り換え可能となり、ある者は市場から排除されることになるだろう」(Bernstein 1996)。この方向づけは知る者と知らされていることがらの関係における根本的な分裂を表現している。

バーンスティンが指摘する過度の市場への適合性(market relevance)とそれに基づく教育言説の選択という事態は、知識の伝達、獲得、配分とジェンダーのかかわりからも深化させる必要がある。だれにとって、なんのための、いかなる知識が選別され、配分され、その知識がいかに使われるのか、生かされるのかを見極めること。知識はだれのものか、その答えはここから見出される。

＊本章は天童二〇一五、二〇一七(七–二四)をもとに再構成したものである。

3 批判的教育学とフェミニズム——教育の危機を超える

1 知識をグローバルに問い直す

「西洋の人間科学としての人類学は、人（男 man）を人間（human）という単一の種として研究する」

Trinh T. Minh-Ha, 1989

フェミニズムの視座は、人間学にかかわる諸領域において、人間の合理性、分別能力とひとくくりにして呼ばれるものを、女性に認めるのを拒んできた歴史性を指摘し、人間の「本質」とされてきたものが、およそ普遍化された男性存在の本質でしかない点を批判した（ビーバー 訳書二〇〇六）。

ヴェトナム出身の詩人、トリン・T．ミンハは著書『女性・ネイティヴ・他者』のなかで「人類学のお気に入りのテーマは、あらゆる人ではなく、特殊な人を対象とすること」だとし、西洋の人類学におけるコロニアリズムへの加担傾向を批判的に論じている。人間の本質(human nature)というとき、それは「女性を包含した人間か、女性を排除した人間か」とトリンは問い、「男こそ規範なり」の伝統的思考の枠内で、しかしだれもそれに気付かずに人間学が続いてきたというのである。冒頭の一文は、西洋中心的、かつ男性中心的知識の構成への疑問の提起である。

トリン・T.ミンハは、ヴェトナムに生まれ、育ち、ヴェトナム戦争が激化した一九七〇年にアメリカに移り学生生活を送った。複数の映画祭で受賞した映像作家でもある。

『女性・ネイティヴ・他者―ポストコロニアリズムとフェミニズム』(原著一九八九)のタイトルが示す通り、彼女は「複雑なポストコロニアリティの現実のなかで」、差異の境界線をずらし続ける営みを続けながら、複数の「わたし」が紡ぐ「流動する境界空間(ボーダーランド)」を創り続けた(Trinh 訳書一九九五:二四三―二四四)。中心と周縁、多数(マジョリティ)と少数(マイノリティ)といった境界を跨ぐ「場」への着目は、ときに相矛盾する「わたし」が重なり合う境界空間から、支配的権力を相対化しようとする、フェミニズムの第三の潮流に共通する視点である。

2 フェミニズム——第二の波のあとに

一九八〇年代以降のジェンダー・女性学の動向を、北米の高等教育を例に整理すると、九〇年代半ばには女性学は広く学問として受け入れられるようになり、多くの大学で副専攻、あるいは主専攻として女性学のプログラムが新設された。これは既存の学問への疑問とアンチテーゼを提起してきた女性学自体の制度化の面を合わせもつ。

一方で、八〇年代からフェミニズムの立場からも女性学のあり方についての疑問や批判点が指摘されるようになった。主な論点は、第二波フェミニズムと女性運動が、人種、階級、国籍といったさまざまな差異を十分に組み込んでいないという点、もう一つは「女性だけ」を研究対象にすることはできないというものである。とりわけ当時人文科学を牽引していたポスト構造主義の思想とフェミニズムが結びついたポスト構造主義フェミニズムは、女性とはなにか、はたして我々は、「女性一般」という実体を想定しうるのかという基本的問いを俎上に載せるものとなった。

2章で述べたように、第二波フェミニズムは、「家父長制」概念を用いてジェンダー間の不均衡・不平等を、権力関係や社会構造のより大きな文脈のなかで把握することを可能にした。しかし、この視点は、「総体としての」男女間の権力関係に焦点化することによって、ジェンダー問題の多様性を、普遍的家父長制という男性支配の一元的図式に収斂してしまう限界をはらんでいた。いいかえれば、女性はみな「一様に」抑圧され搾取される集合的存在とみなされることで、女性たちの多様性、たとえば有色の、第三世界の、ポストコロニアルの女性たちの立場を十分に考慮していないとの批判を受けることになったのである (hooks 1981, Trin Minh-ha 1989, Mohanty 2003 など)。

3　越境するフェミニズム

「女性とはだれか」

既存のフェミニズムで共有されてきた「女性の経験」が、「白人・中産階級・異性愛」の女性のそれにすぎないのではないか、との疑問を呈した人物に、ベル・フックス(bell hooks)がいる。彼女の名前が小文字で始まるのは白人文化のなかで与えられた名前に対する抵抗の表れと言われている。フックスはブラック・フェミニズムの立場から、が、「女とはだれか」との問いかけを提起した。この問いはソジャーナ・トゥルース(Sojouner Truth)の **"Ain't I a woman?"**(「私は女じゃないのかい?」)との名言をふまえている。

一八五一年、アメリカのオハイオ州アクロンで、女権拡張運動の第二回年次総会が開かれた。ソジャーナ・トゥルースが聴衆のまえに立ったとき、「しゃべらせるな!しゃべらせるな!」という声が上がった。白人女性たちの声であった。黒人女性が自分たちの面前で演壇に立ち、演説するのはふさわしくないと思ったのである。ソジャーナはこうした白人女性の抗議をものともせず、逆に彼女たちの目を黒人奴隷の女性の境遇に向けさせた。黒人男性と肩を並べて働かされていた黒人女性奴隷は、女性も男性と対等に労働できることを示す、生きた証人であった。ソジャーナはいう、

「見てください、この私を。見てください、この腕を。畑を耕し、植え付けをして、収穫を納屋に運びましたが、どんな男性だって私にはかないませんでしたよ。じゃあ、私は女性じゃないんですか。私は男性に負けないくらいたくさん働けたし、鞭打ちにだって耐えられました。じゃあ、私は女性じゃないんですか。私は子どもを五人(一三人とする資料もある)産んで、ほとんどが奴隷として売られていくのを見送りました。母親として泣き叫びましたが、それをお聞きになったのはイエスさまだけでした――。それでも、私は女性じゃないんですか。」(hooks 訳書二〇一〇:二四八―九)

フックスは、白人の経験から生まれた価値観に基づく物差しによって、黒人女性たちの自尊心が判断されてきたことを指摘し、女性運動のなかで白人フェミニストから「私たち（黒人女性）に向けられる丁重さ」は、白人優位主義のパターナリズム（温情主義）から発するものではないかと従来のフェミニズムへの問題提起を行っている（hooks 訳書二〇一〇）。

ポストコロニアルフェミニズムと知識論再考

モダニズムに立つ知識論が、世界を科学やテクノロジーに基づいた進歩、発展を前提として立ちあげられたのに対して、ポストモダニズムにおける知識論は、さまざまな人々の学び方や世界の見方の差異・多義性といった人間の多様性を尊重し、知識伝達としての教育が行われる政治環境の認識と論議にも敏感な立場を取るゆえに、ポストモダン理論は批判的教育学（critical pedagogy）の主張、フェミニズム理論、文化の政治学（cultural politics）とも関連する。

ポストモダニズムの影響のもとに「文化の政治学」は、機会の不平等だけでなく教育も含めた日常生活における文化的抑圧の問題に注目し、とりわけ女性やエスニックマイノリティの闘争を浮かび上がらせた。そこにはミシェル・フーコー（Michel Foucault）の影響が色濃く映し出されている。

ポストモダニズムにおける知識は、絶対的基準や、普遍的カテゴリーという自明性自体を放棄し、社会的位置としての性、年齢、障がいといった既成の基準そのものを問い直すものとなる。そして、「真理」としての科学の自明性、社会的「進歩の信念」という大きな物語、「近代的」個人が暗黙のうちに前提としてきた、白人・男性・西欧の優位性に抗うフェミニズム理論が生み出された。

ポストコロニアルの立場からは、(旧)植民地と宗主国の関係に基づいて、「第三世界」の女性と文化を他者としてコード化する西欧中心主義の文化支配が問われた。代表的論者の一人、チャンドラー T・モハンティ (Chandra T. Mohanty)(インド生まれ米在住)は、一九八六年に発表した論稿「西洋の視線の下で」において、第三世界女性をめぐる(西洋人)フェミニストの言説を批判的に検証している。彼女は、「女性を、階級や民族や人種に関係なく、矛盾も抱えていなければ利害も欲求も明確な、すでに確立された一枚岩の集団と想定することは、ジェンダーや性的差異やあまつさえ家父長制の概念を、文化を越えた普遍的なものと考えることだ」という。そして、「平均的な第三世界女性」のイメージがつくり出され(無知、貧乏、無教育で、伝統に縛られ、家庭にいて家族第一の、あわれな犠牲者等々)、本質的に単純化された生活を送っていると想定される。このイメージは、「西洋女性の暗黙の自己表象」、すなわち、教育があり、現代的で、自身の身体とセクシュアリティを管理でき、自己決定する自由があるという西洋女性のイメージの対極におかれるとする(Mohanty 訳書二〇一二：三一―三二)。

「西洋的フェミニスト」の学問思想が「女性の解放」を主張しつつも、実のところ、第三世界の女性たちの生活と闘いの言説的植民地化に加担してはいないかとの問いは重い。

彼女は一九八六年の論稿から二〇年を経て、同論文を再考し、次のように述べる。

「論文の解釈や誤解のいくつかは、アメリカ合衆国の学界でここ三〇年ほどポストモダニズムが大流行しているせいである。わたしは「ポストモダニスト」を自称したことは一度もないのだが、なぜこうしたレッテルが貼られたかは重要だ。……わたしがあらゆる普遍化に反対し、共通性ではなく差異を主張したと解釈されるとしたら、それは誤解である」という。そして、むしろ、「西洋の視点の下(と内部)」を含めた、トランスナショナルな女性の運動が存在感を増すなかで、文化を越えたフェミニズムの政治学、フェミニズムの学問と政治運動をつなぎ、反資本主義トランスナショナル・フェミニズムと呼んだ実践、グローバル資本主義への批判、国境を越えたフェミニストの連帯を運動の切実な必要性、もっとも周縁化された女性たちの共同体を主張する(Mohanty 訳書二〇一二：三二九、三三四―三三九)。

モハンティの含意は、北と南、第一世界／第三世界といった二分化ではなく、地域、国を超えて、周縁化された女性たちの共同体をつくること、そして「教育が、グローバリゼーションの支配的論理をいかに補完し、強固にし、あるいはそれに抵抗するのか」を問うことにある。そして、世界中の女性や男性の間にある不平等についていかに学び、女性たちの間にある複雑性、独自性、関係性を見てとり、そこから権力、特権、行為主体や異なる見解を理解し、考えることのできる創造的教育をつくることを主張する(Mohanty 訳書三二五―三五四)。

4　飛び越えよ　その囲いを――批判的フェミニスト教育学の可能性

女性学、ジェンダー視点の浸透は、日本を含め、政策立案の場、法、職場、教育等における性差別の是正に一定の効果をもたらした。しかし、「新自由主義的市場化」重視のジェンダー政策は、女性の「選択肢と自由の拡大」の名のもとの自発的従属、自己責任の強化、資源の不均衡配分を含んではいないだろうか。

グローバル資本主義と社会経済的・技術的変化のなかで、人々は生涯にわたり教育訓練を求められる「全教育化社会」(Bernstein) のただなかにある。

それゆえ、批判的フェミニスト教育学は、女性の「社会的活躍」の要請と背中合わせの女性間格差にも目を向け、ジェンダーの不平等の再生産メカニズムを解明する理論と実践を磨いていく営みでなければならない。

その教育実践は、教師、親、社会教育の実践者、メディア等、文化伝達にかかわる人々が織りなすパフォーマティブな行為であり、人びとを「学びのアクティブな参加者にしていく呼び水」となる (hooks 1993)。

4 メディアが描く女性像

1　ジェンダーと言説

ジェンダー秩序（性に基づく差異と序列の様式）の生成、再生産に深くかかわる教育のメカニズムは、学校教育段階にとどまらない。幼少期からの子どもの社会化、人びとの日常生活を取り巻く情報、メディア、職場や地域の相互作用といった、多用な場で営まれる文化伝達の作用がある。

ここでは、ジェンダーと言説権力のかかわりを子ども向けのメディア、とりわけプリンセスの物語の事例から考えてみよう。

言説（discourse）とは、わかりやすくいえば、書かれたもの、語られたことを意味するが、それは社会に構造化された権力的関係と結び付き、人びとの意識や日常的行為に影響を及ぼす「ことばの束」となる。

欧米の言説研究の動向では、フェミニズムの興隆を受けて、ジェンダーと言説研究が進んだ。社会的権力関係と「言語の男性支配」（Spender 1980）、また相互作用的ディスコース研究では、フェミニズム視点に立つ会話分析として、男女間の会話の順番取りや介入、コミュニケーションのジェンダー的差異と優越といった研究の蓄積がある（Cameron 1985, 高橋・天童 二〇一七）。

批判的言説分析（CDA）の展開であるフェミニスト批判言説分析（FCDA）では、ニュース、広告メディア、教育現場、労働、政治、国際的組織といった文化的・制度的文脈（コンテクスト）のなかで、ジェンダー化された言説の構造と戦略がいかに立ち現れるかを分析し、社会のなかのヘゲモニックな権力関係と隠れたイデオロギーの解明がなされてきた（Lazar ed. 2005, 天童編 二〇一六）。本書ではフェミニスト批判言説分析（FCDA）が提起した、ジェンダー言説をふまえてプリンセス・ストーリーの変化を見ていく。

2　プリンセスの物語はなにを伝えているのか

メディアリテラシーとジェンダー公正

ジェンダーは「社会的・文化的につくられた性別」であると定義した。いいかえれば、この概念は、社会、文化、人々の心のありようが性の意味づけを変えていくことを示す。性役割、性別役割分業といった性に基づく固定観念は、生物学的に決定されたものではなく、可変性をもつものとなった。

ポスト構造主義フェミニズムの論者ジュディス・バトラー（Judith Butler）は、「身体は権力関係の文脈においてのみ言説上の意味を獲得する」、すなわち身体範囲を構築しているのは単なる物質性ではなく「文化の首尾一貫性という特定のコード」（M. Douglas）を通して象徴的境界を確立する「言説」であるとする（Butler 1990）。バトラーはまた、「ジェンダーは、形式的な反復行為によって、制度化されるアイデンティティ」とし、ジェンダー・アイデンティティは、「ジェンダーの首尾一貫性を求める規制的な実践によってパフォーマティブ（行為遂行的）に生みだされ、強要される」とジェンダーの構築性を論じた。いいかえれば、ジェンダーの効果は、身体の形式化を通じて生産される。身体の身振りや動作や多様な形式が、永続的なジェンダー化された自己という幻想をつくりあげていくときの、日常的な方法となる。幼少期からなにげなく耳にし、日常的に繰り返されるメディアのジェンダー化されたメッセージは、「形式的な反復行為によって、制度化されるアイデンティティ」を作り上げる役割の一部を担うことになる。

それゆえ、メディアリテラシー（メディアの伝達内容を批判的に読み解き、自ら使いこなす能力）教育において、ジェンダーに敏感な視点は不可欠なのである。

「ガラスの靴」というシンボル

プリンセスの物語の定番は、美しいお姫様が、悪い魔女（ないしは継母）に陥れられ、つらい境遇におかれるが、よい魔女（あるいは小人）に助けられ、ある日王子さまが現れて、最後は幸せが訪れるというものだ。

大学の女子学生のなかでは、プリンセスの物語といえば、シンデレラ、白雪姫、眠りの森の美女が挙げられる。なかでもシンデレラ（灰かぶり）の物語は人気が高い。「継母と義理の姉妹に召使のように使われ、かまどのそばで灰をかぶって働いていた娘が、よい魔法使いから馬車やドレスを与えられ、お城の舞踏会へ。一二時という魔法が解ける時刻、ガラスの靴を片方残して立ち去るシンデレラ。王子はこの靴を履くことのできる娘を探させて、ついにシンデレラは王子と結婚する」。このストーリーは、女性と少女の変身願望と「いつか王子様が」との理想の男性像への期待を体現しているように思える。

「ガラスの靴」というシンボルは、なにを表しているのだろう。壊れやすさ、透明性、そして小さいことは、自立ではなく依存の象徴だろうか。

プリンセスストーリーの平易な解説として、若桑みどり（二〇〇三）、また眠り姫を読み解いたマドンナ・コルベシュラーグ（訳書一九九六）などがある。

シンデレラの元々の物語は、残酷な要素を含んでいた。義姉が、王子と結婚したいあまりに、小さな靴にはどうしても入らない、自分の大きな足を切って靴にあわせようとする、との内容である。これは身体の一部を無理やり変形させても基準にあわせようとする「身体の型へのはめ込み」である。ヨーロッパの民間伝承を祖とする物語のなかには、その時代ごとの読者向けに合わせて、残酷な描写の変更、改変が重ねられたものも多い。

よく知られたグリム童話は、グリム兄弟（ヤーコプとヴィルヘルム）が中世から伝わる、ドイツの民間伝承を編纂したものである。そこには、ドイツ民話を民族的文化として保存する目的があった。グリム兄弟は、法学者の一面を持ち、当時の読者は富裕市民層、そこには、キリスト教文化を背景に、肉体に対する精神の優位、女性に対する男性の優位が入り込んでいる。

つまり、民間伝承から童話へと編纂される経緯は、本来、民族のあいだに長い年月をかけて蓄積してきた心性の表象が、さらに改変されていくプロセスとなる。

さらに、日本が明治期にグリム童話を「受容」していく際の興味深い研究がある。日本は明治二〇年ころ、ドイツの国家主義的体制・文化をいち早く日本に導入しようとした。フランス、英国など、文学に現れる民主主義的体制や文化よりも先に、ドイツの権威主義・国家主義的な文化を入れようとしたという。そして翻訳の作業において、グリム童話の中の個人の主張は、巧みに改作され、「忠孝の徳」を強調する作品になったという説もある。子ども向け童話のなかにも、家父長制的文化との合致があったと見るべきだろうか（野口一九九四）。

眠り姫（茨姫）に現れるいくつかの象徴を、コルベンシュラーグはフェミニズム視点で解説している。眠りは受動性の象徴であり、眠りは美の凍結である。糸巻き棒にさわって流れる血、これは子ども期の終わり、思春期の訪れ、眠りは、他者との関係をなくす、受動性の強要であり、自己実現と倫理的決断能力からの切断ではないかと。眠れる森の美女はやがて覚醒するのだが、自ら目覚めるのではなく、王子という男性の手によりもたらされた覚醒である。

3　メディアがつくる女性像とその変容

ヨーロッパの民間伝承から、「童話」として編纂され広がったプリンセスの物語は、ディズニーによる映画化によって世界的物語となっていく。それは、グリム童話、ペロー童話の二〇世紀的「アメリカ化」であり、男性の雄々しさ、優しく素直な若い娘をステレオタイプとする「近代家族」と夢見る少女のハッピーエンドのストーリーであった。そこに、ウォルト・ディズニーという、アングロサクソン系白人男性の道徳観の賛美を見てとることもできる。

とはいえ、プリンセスの物語に登場するお姫様が、一様にどれも受動的で他者依存型とは限らない。現代型プリンセスに関心のある人々にはよく知られたある絵本を紹介しよう。

賢いプリンセスの登場

イギリスで一九八〇年代に作られた『アリーテ姫の冒険』[1]（*The Clever Princess*）である。この物語にも魔法使いが出てくるのだが、主役の姫が既存のステレオタイプとは大きく異なる。タイトルの通り「賢い」のである。「魔法使いに騙された王（父親）に幽閉されたアリーテ姫が自らの知恵と勇気で、逆境に負けずに困難を乗り越える」というストーリーで、魔法使いから出された3つの難題を、だれかを傷つけたり、争ったりせずに、自らの力で解決し、ねずみ、蛇、蛙と仲良しになり、幽閉生活さえ「楽しむ」物語である。

武力（男性性）ではなく、知恵（人間性）を用いて、人と動物、自然との共存の営みを楽しみながら紡いでいくアリーテ姫、彼女の生命力あふれる物語は何度読んでもすがすがしい。

他力型から自立型へ――プリンセス・ストーリーの変容

市場化されたメディアのプリンセスの物語にも変化がある。「アメリカ版」の物語も、女性、男性の描かれ方は変容してきた。シンデレラのパロディ的映画「エヴァー・アフター」で主役が履くのはガラスの小さな靴ではなく、かかとのないスリッパである（一九九八年）。

近年では「アナと雪の女王」[2]（二〇一三）が新しい女性像を描き出した。アンデルセン童話「Snow Queen」をモチーフに作られた「アナと雪の女王」（原題 Frozen）、日本版の命名は、ダブルヒロインを明示していて「現代女性の多

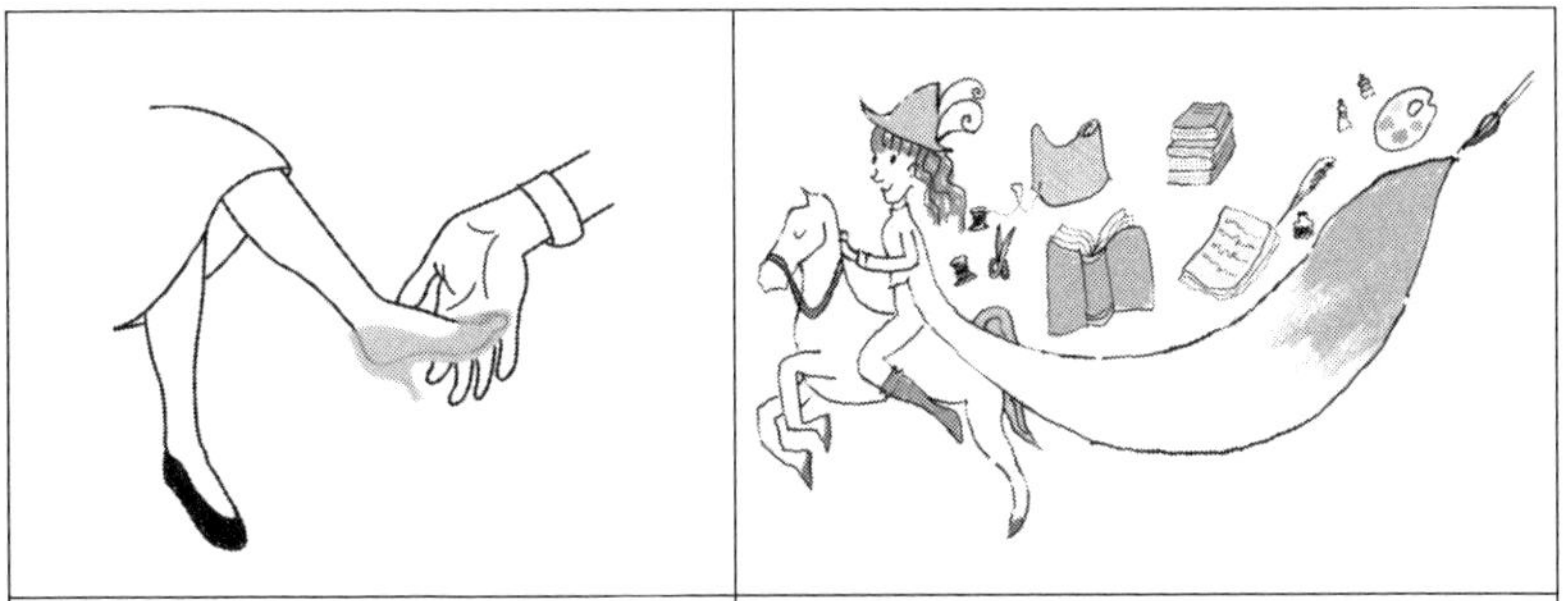

他力型	自力型
男性の保護 待つ、魔法、変身、美少女、王子 受動性、受容、他者依存 「いつか王子様が～♪」	**自己実現　エンパワメント** 知恵と知識、仲間、美しいだけではない 自分の足で立つ女性像、自己決定 “sisterhood”　女同士の絆

図3　プリンセス像の変容

©Tendo, M.　作図協力 齋藤綾乃

面性」も見出せる。「いつか王子様が?」出てくるのかは見ていただくことにして、待つことよりも切り開くこと、姉妹の絆(sisterhood)が凍り付いた心を溶かす、女性たちの連帯を読み取ることもできる。

典型的な過去のプリンセス像が、魔法、変身、美女、王子をキーワードにする他力型(男性の保護、受動性、受容、他者依存)であったとすれば、現代のプリンセス像は、自力型・自立型(自己実現、知恵、自分の足で立つ)とまとめられる(**図3**)。

子ども向けメディアとジェンダー表象

子ども向けメディアのジェンダー分析では、斎藤美奈子(二〇〇一)の『紅一点論』がある。アニメや特撮ドラマといった子ども向けメディアにおいて、「男の子向け」とされるストーリーは、科学技術を基盤に「悪の帝国」と闘う物語が定番で、地球防衛、武装、パワーアップ、正義といった言葉が頻出する。「女の子向け」の定番はプリンセス・ストーリーで、非科学的な魔法を使って「変身」し、王子依存の愛と夢を求める物語が描かれる。

アニメの国は、大人社会の縮図＝模型と斎藤はいう。秩序だった組織、絶対的な命令系統、近代科学や工業技術への信奉。男の子の国は戦後の日本を支配してきた滅私奉公の企業社会と相似形をなしている。一方の女の子の国は、異性愛への執着、夢と現実の錯綜、ファッションと恋愛、その延長にある結婚や家庭が価値をもつ私領域である（斎藤 二〇〇一）。

絵本や子ども向けアニメ、昔話など、メディアを批判的に読み解く力、さらに、日本の昔話（たとえば、「虫愛づる姫君」や、「桃太郎」の説話変容の批判的読解など）をジェンダー視点で読み解くといった手法も、身近な話を通した子どもたちの気付きを促すものとなるだろう。

性別ステレオタイプ（型にはまった見方、考え方）は、決まりきった役割の押しつけにつながる。それは全人格的存在としての自分らしさの尊厳の保障より、性役割に根ざしたステレオタイプの助長になりかねない。

メディアとジェンダー公正の鍵は、性別（ジェンダー）のカテゴリー化がもつ権力に自覚的になり、脱・固定観念（ジェンダーバイアスからの解き放ち）へとつながるメディアの生成にかかわっていくことである。

注

1 『アリーテ姫の冒険』（一九八三）ダイアナ・コールス作 ロス・アスクィス絵、グループ・ウィメンズ・プレイス訳 二〇〇一、学陽書房。

2 映画「アナと雪の女王」（二〇一三）ウォルト・ディズニー・アニメーション・スタジオ製作、監督クリス・バック、ジェニファー・リー。日本公開は二〇一四年。

5 「女性学」を大学で教えるということ

1　女性の学びが社会を変える

元気が出る女性学

「元気が出る女性学」は、いいかえれば「エンパワメントの女性学」のことである。エンパワメント（empowerment）とは女性が力をつけること。第四回世界女性会議（北京会議）のキーワードとして広がった。エンパワメントにおけるパワーは、人を従属させるような力ではない。社会的に弱い立場におかれている一人一人が力をつけ、個人として、グループとしてつながりながら意思決定過程に参加していくことを意味する。とりわけ女性のエンパワメントは、女性が自ら力をつけ、意思決定過程に参画し、主体的に生活や社会を改善していくプロセスであり、そのパワーは「下から上へ」とボトムアップしていくアプローチである（1章参照）。

「エンパワメントの女性学」は、女子大学の現代的意義ともつながっている。それは、女性の学びが社会を変えていくからだ。現代社会が抱えるさまざまな課題を、ローカル・グローバルにつなぎながら向かい合い、既存のものの見方から自由になって、新しい価値を創造するための学び、それが現代版の女性学と私は考えている。

女性学再考

女性学(women's studies)とは、一九六〇年代後半、欧米で始まった第二波フェミニズムから生まれた学問領域である(図2「フェミニズムの展開」)。従来の学問領域の大半は、人間(human)を研究対象にしながら、実は男性(man)を基準にした暗黙の男性中心主義的世界観ではなかったか、そのような問題意識から、女性による新たな学問領域の創造が目指された(2章参照)。

女性学入門書の代表格の一つ『エンパワメントの女性学』(村松安子・村松泰子編 一九九五)には、次の一節が記されている。女性学は「大学、社会の多くの場で人々に浸透してきている。ただし、日本の女性学は諸外国の女性学の成果を取り込みつつも、どちらかといえば国内の問題に目を向けてきた。しかし、二一世紀を目前にした今、持続可能な開発がグローバルな課題となっている。それぞれの国々や地域の女性に固有の問題があると同時に、世界的な広がりをもつ問題、国や地域を超えて共有でき、女性が主体となって連帯することにより解決に向かうことが有効な問題も多い」。二〇数年前に著された本書は、女性学の真髄を捉えている。持続可能性、女性が主体となる連帯、ローカルとグローバルをつなぐ視野は、現代社会にも有効な視点である。

第二波フェミニズムのうねりは一九七〇年代の世界的な女性の地位の動向や、アカデミズムにおける女性視点の導入と結びつき、女性学の登場と定着、国連における女性差別撤廃条約(Convention on the Elimination of All Forms of Discrimination against Women)の採択(一九七九)、世界女性会議の開催(七五年メキシコ・シティ、八〇年コペンハーゲン、八五年ナイロビ、九五年北京）など、教育、学術、政治経済的変化の歩みへとつながった。

女性差別撤廃条約は、女性の地位向上に広く寄与してきた。日本を例にとれば、日本政府は同条約批准（一九八五）のために国内法の整備が必要となり、国籍法改正、男女雇用機会均等法の成立、男女同一のカリキュラム（家庭科の男女共修）の整備が進んだ。

第二波フェミニズム以後のもう一つの変化として、女性学のカウンターパートとしての男性学の登場がある。男性学（men's studies）は、フェミニズムから生み出された女性学（既存の男性中心の学問に対する異議申し立て）を経て、男性側の自己省察として形成されたものである。男性学、あるいは男性性研究（masculinity studies）と呼ばれる学問領域は、社会的につくられた「男らしさ」を問い直し、男性支配の正当化メカニズムにかかわるヘゲモニックな男性性（Connell 2009）研究などを生み出していった（多賀二〇一五）。

ではなぜいま、女性学なのか。その意義と役割をまとめるならば、第一に学術と実践をつなぐこと、第二に学問の垣根を超えること、第三に市民と学生の協働的実践の可能性が挙げられる。

2　「女性学」を女子大学で教えること

私が勤務する女子大学で初年次全員が学ぶ「女性と人権」の講義を担当して数年、ジェンダーを知っている比率は年々上昇し、性的マイノリティへの関心も高い。とりわけ学生のまなざしが真剣さを増すのは、性支配や社会に構造化された性差別が遠い過去の話ではなく、今なお身近に存在することに自ら気付くときである。

戦後の教育の民主化とジェンダー体制

ここで、女性と教育の近代史を振り返っておきたい。その転換点は、第二次世界大戦後の「教育の民主化」にあった。

一九四七（昭和二二）年三月三一日公布の教育基本法では、教育上の男女平等が記され、男女共学については「男女は、互いに敬重し、協力し合わなければならないものであつて、教育上男女の共学は、認められなければならない」（第五条　男女共学）と規定された。

戦後、ＧＨＱのもとで教育改革を担っていたＣＩＥ（Civil Information and Education Section）の強力な指導のもとに、本格的に男女共学が導入されていくことになった。

公立の小・中学校はほどなく完全に共学化された。もっとも、中学段階は第二次性徴の発現期であるため心身のバランスを欠きやすいとされ、男女間の風紀の乱れ、学力差、両性の要求にみあった施設設備の不備などを問題視する意見もあった。しかし、現実には男女の相互理解の進展や学力差の解消などにつれ、中学における共学は制度として定着し、日常化していった。一九四九年（昭和二四年）時点で全国一二〇〇七校中、男女共学の実施校は一一九五八校（施設設備上やむを得ない四九校を除く）と、全国で共学化した。

一方、高校段階では、一九五三年には全国の高校の七割ほどが共学制を取るに至ったが、地域により違いが見られた。戦後の新制高校では、通学区域制（小学区制）、総合課程制（総合制）、男女共学の三原則が求められたものの、とりわけ高校の共学／別学の採否には温度差があった。

当時、京都におかれた軍政部が西日本を中心に、徹底して共学を進めたのに対して、仙台にあった第九軍団軍政部の「寛大な対応」が、その管轄区（東北、北関東）に別学を温存する要因となったとも言われている。その背景には、アメリカの「リベラル」な女性教育を例に、単一の性（single sex education）の教育環境の利点が考慮されたことが推察される（天童二〇二〇）。

そののち東北、北関東に集中的に残った公立男女別学校が、共学か別学かの論議で揺れるのは一九九〇年代以降のことである。

女性の高等教育の制度化——女子大学の創設と「個」の育成

戦後教育のもう一つの転換点は、女性の高等教育の制度化にある。敗戦からまもない一九四五年一二月に、文部省は「女子教育における刷新要綱」を作成した。そのなかで女子大学の創設、大学教育における共学制という二つの目標をかかげ、その実現に着手した。戦前期にはわずかな例外を除いて、女子には閉ざされていた大学教育の門戸が開いたのである。

女性の高等教育の実現は、戦後の制度改革として具現化された。新しい大学制度の発足とともに、既存の「男子のため」であった大学が共学制をとり、女性に門戸を開いた。そして女子大学創設も進んだ。新制大学の発足（一九四九年）に先立ち、前年の一九四八年に一二校の公立・私立大学の認可がなされたが、そのうち五校は女子専門学校からの昇格を果たした女子大学であった。さらにいえば、その五校のうち四校はキリスト教系大学であった。

女性の高等教育は、戦前の「家」制度を支える「教養豊かな家庭婦人の育成」から、戦後の「平和な国家・社会をつくる個の形成」へと、一大転換を遂げたのである（天野編 一九八九）。

ジェンダー・トラックと女子大学の経営戦略

女性の高等教育への進学率は次第に上昇し、一九七〇年には一七％を超えた。ただし、その六割は短大が占めていた。

戦後から高度経済成長期にかけて、女性の教育には男性の高等教育の展開とは異なる道筋がもたらされた。女子学生への教育機会の平等は、必ずしも就業機会の均等とは連動せず、やがて七〇年代に次々とつくられた短期大学が、女子向け高等教育のマス化段階の受け皿として機能した。そして、「男子は四年制、女子は短大」というジェンダー・トラック（性別軌道）となっていった。それは高度経済成長期の産業社会の要請と相まって、労働市場においては短期的ポストを担い（いわゆる「腰かけ」的就労）、やがて結婚退社をして家庭維持機能を担う妻・母役割として、性別役割分業システムのなかに組み込まれていったのである。

一九五〇年代から二〇一八年現在までの女性の就学率（男女別データ　**図4**）を見ると、高校進学率は一九七〇年代以降上昇し、八〇年代には男女とも九五％を超えた。四年制大学の進学率は男女間の差異があったが、九〇年代半ばに、短大の進学率が下降傾向となった。いわゆる女子大学離れ、短大離れが進んだ時期である。短大への進学率は一九九四年の二四・九％をピークに減少している。労働市場では、九〇年代のバブル崩壊、一九九一年からの経済の後退期となった。新卒採用難の時期に、真っ先に矛先が向けられたのが、短大卒女性の一般職のコースであった。

一九九六年、女性の四年制大学進学率が短大のそれと逆転した。このような状況下で、八〇年代後半以降、短大、ないしは女子大学から四年制共学へと姿を変えた大学は少なくない。そこには、短大経営の厳しさや、少子化時代をみすえて学生数の倍増を狙った経営戦略的共学化があったことも推察される。

大きくまとめると、戦後の女性の高等教育の意味づけは、第一に、かつての「家」制度を支える「家庭婦人の育成」から「平和な国家・社会をつくる個の形成」へ、第二に、性別役割分業体制における、家事・育児といった再生産領域の担い手へ、第三に、企業や組織のジェンダー秩序（性別職務分離）において割り振られるジェ

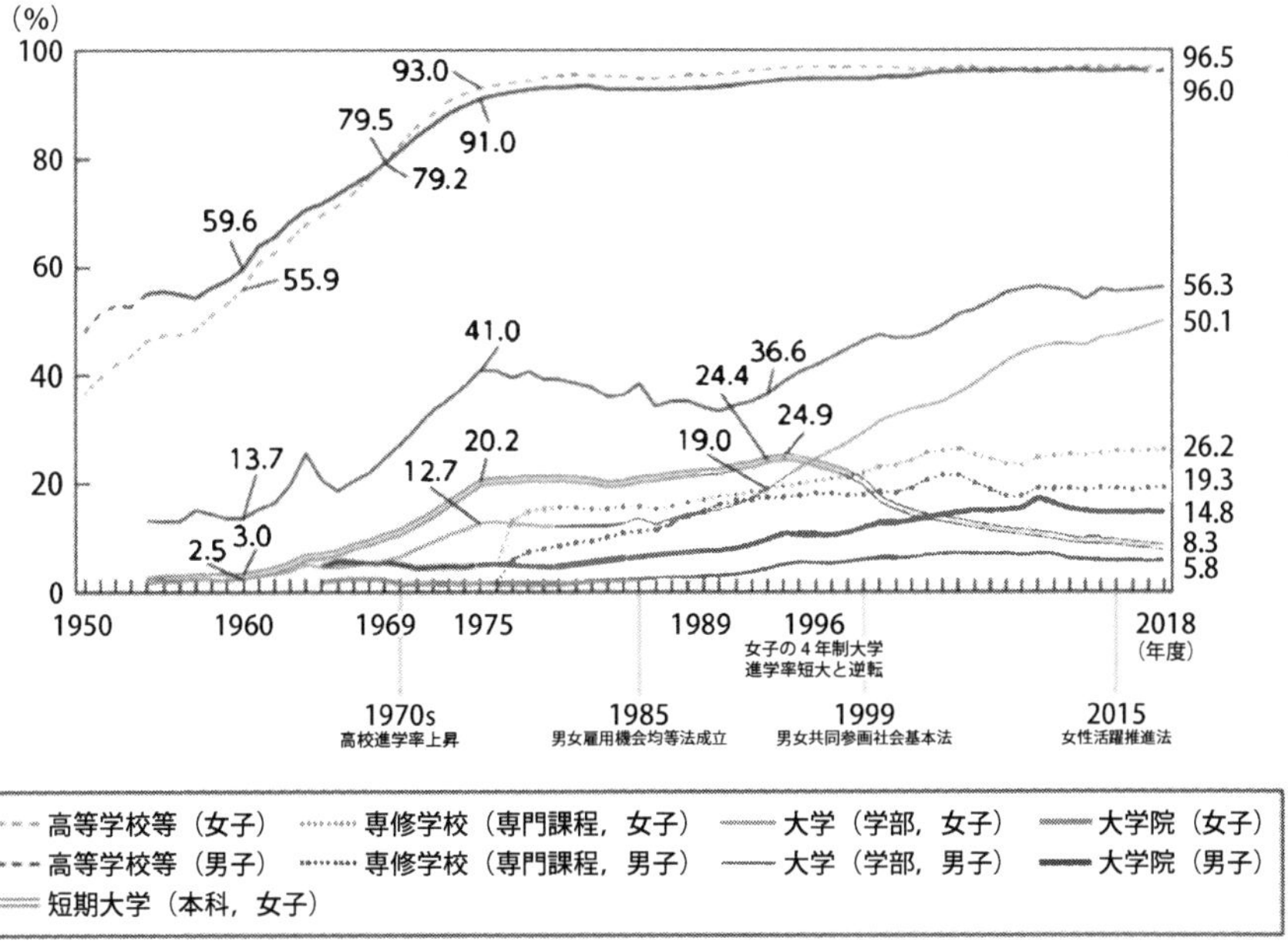

図４　男女別進学率の推移

出典：天童 2020、男女共同参画白書 2019 年版（http://www.gender.go.jp/about_danjo/whitepaper/r01/zentai/html/zuhyo/zuhyo01-00-01.html）をもとに作成

ンダー化された労働の担い手へ、の変化といえよう。

近年は、女性の大学進学率は上昇傾向が顕著である。およそ三〇年前の一九八九(平成元)年の女性の四年制大学進学率は一四・七%(男性三四・一%)であった。近年の女性の大学進学率は上昇傾向にあり、女性五〇・一%、男性五六・三%(二〇一八年)と、図4に示すように、男女格差は縮小している。ただし、大学院進学率の差異は未だ大きい。理系・医学系分野に進む女性割合も諸外国に比べて低い状況は続いている。

3 古くて新しい課題――女性のための教育空間

ステレオタイプからの解放

ジェンダー化された社会化や「隠れたカリキュラム」の視点は、男女共同参画社会の実現と学校の「共学化」が、そのままイコールではないことを思い出させる。

学校が表層的には、教育の機会「均等」を標榜し、共学になり、同じ教科を習うとしても、学校教育の内部に埋め込まれ、日々の教育実践のなかで、性差別を秘かに伝達するメカニズムを内包していることに自覚的でなければならない。前述の、公立高校の共学化の議論とその後の教育実践が、どのように男女共同参画社会の形成という社会的課題を前進させてきたかの検討も、また重ねられる必要があるだろう。学校知識の伝達空間は「共学にすれば性差別の問題は解決」といえるほど、単純素朴ではない。

アメリカの教育社会学者バランタインは、女子と男子は「隠れた」性差別的授業を受けているという。そして、男女の成績の違いの例として、女子は読み書き、文学で点数が高く、男子は数学と科学で点数が高い傾向にある成績の差は、男女の社会化や経験に原因があると結論づけている。ジェンダー的ステレオタイプを内包した社会化は、幼少期の家庭環境や初等教育段階からすでに始まっている。男子は、自分で考えることが奨励され、多くの教師は男子に対して、しばしば女子よりも高いレベルの要求をする。一方、成績の良い女子は男子ほど注目を集めない。そしてマイノリティの生徒がまさにそうであるように、女子は男子ほどには自分が数学や科学には長けていないのだというステレオタイプを信じ込み、彼女たちは数学や科学への関心を失っていく(Ballantine 他 訳書二〇一二：一六〇―一七五)。

性差別の撤廃に向けた教育の取り組みとして、海外では七〇年代から八〇年代に具体的なプロジェクトが始動した。一例として、英国マンチェスターの高等教育機関による、GIST(Girls into Science and Technology)がある。理系、技術系にもっと女性を進ませようとの取り組みであった。たとえば、GISTは女子生徒の多くが理系科目を「敬遠」する背景を探り、男女生徒の興味・関心の違いの背景に、就学前の「動植物に触れる活動」と、「修理・解体経験」の違いがあることを示した。わかりやすくいえば、女子が動植物に関心を持ちやすく、男子が物の分解や解体に興味を抱きがちなのは、日常の生活体験や遊びによるもの、すなわち社会化に要因を見出している。

GISTは一九七九年から四年以上かけて、性差別撤廃法の運用を担う「機会均等委員会」(Equal Opportunity commitee)と、国の教育研究機関、そしてマンチェスターの高等教育機関により実施され、そのプロジェクト対象校では「女子別編成」プログラムも取り入れられた。単一の性(女子校)の教育は、ジェンダー・バイアスから解き放たれた学習環境をつくりうること、ジェンダー化された「隠れたカリキュラム」からの解放が企図されたのである(Kelly and other, 1984)。

学校教育の諸場面には、性別カテゴリーの多用、性別ステレオタイプに基づく分離と序列、女子の暗黙の排除といった「見えないジェンダー統制」がある。ジェンダーに敏感な視点からの教育の充実の点で、女子校、女子大学という単一の性だけで学ぶ学習環境は、性役割のステレオタイプの減少をもたらす可能性はある。

翻っていえば、ステレオタイプから解放された社会化が可能な教育環境、教育方法(ペダゴジー)が、ジェンダー平等な教育には欠かせないということである。

ただし、そのような取り組みは女子大学の「専売特許」というわけではない。また教員一人の裁量には限界があり、大学全体が民主的で自由な学問風土か、女性教員比率は高いか(クリティカル・マスとされるのは三割以上)、教育スタッフはジェンダーに敏感な価値や態度を知る機会が豊富にあるかといったことも重要な要素となる。

また、二〇〇〇年以降日本社会でも注目されているセクシュアル・マイノリティの子ども、若者たちの人権保障、SOGI(ソジ)ハラスメントをなくす取り組みも重要である。

日本では、文部科学省が二〇一五年、「性同一性障害に係る児童生徒に対するきめ細やかな対応の実施等について」という通知文書を出し、そこでは、きめ細やかな対応は、「性同一性障害に係る児童生徒だけでなく、いわゆる「性的マイノリティ」とされる児童生徒全般に共通するもの」としている。

英語圏では、「性的マイノリティ」「セクシュアル・マイノリティ」といった表現はあまり用いられていないという(三成編 二〇一七：一四)。欧米では一九七〇年代のゲイ解放運動を受けて、八〇年代半ば以降、当事者たちの自称であるLGB(レズビアン、ゲイ、バイセクシュアルの頭文字)が使われ始めた。九〇年代にトランスジェンダーのTを含めて、ＬＧＢＴとの表現が普及した。近年では、セクシュアル・マイノリティに限らず、すべての人にかかわる性自認（sexual orientation）、性的指向（gender identity）を表すＳＯＧＩも用いられている。

教育のジェンダー平等をひらく取り組みは、別学か共学かの二者択一の議論に陥るのではなく、性的マイノリティを含む、すべての子どもたちの人権を視野に入れ、学校・大学における学びのプロセスが、カリキュラム、教育方法、評価において、また教師と生徒間や生徒・学生間の相互作用において、どれだけ性差別的偏見から解き放たれる教育を提示できるかにある。それは知識伝達に潜む見えざる権力的関係からの解放へとつながっている。

＊本章は天童二〇一三b、二〇二〇をもとに大幅に加筆、再構成したものである。

6 災害女性学でひらく市民のエンパワメント

1 女性と災後の地域社会

二〇一一年三月一一日一四時四六分、日本は宮城県沖を震源とする地震に見舞われた。マグニチュード9・0の巨大地震は、東北の太平洋沿岸に大きな津波の被害をもたらした。東日本大震災により、亡くなられた方は一万五八九九人、行方不明者二五二九人(二〇一九年一二月一〇日付 復興庁)。そこに一人ひとりの人生が、一つ一つの日常があった。

二〇一一年の震災は、被害の規模、範囲において過去に例を見ないものであった。そのなかでも、阪神淡路大震災(一九九五年一月一七日)の経験が生かされ、早い時期からボランティア活動や女性支援に意識が向けられた面もある。

宮城・仙台を例にとれば、支援に出向いた先で、洗濯に困っているとの女性の声をキャッチした市民女性グループが「せんたくネット」を立ち上げ、草の根の支援にいち早く動いた(宗片恵美子 イーコールネット仙台)。宮城の被災した女性たちが、同じく被災した女性たちの支援に取り組んだ記録は、「女性による女性のための支援」の実践例として読むことができる（みやぎの女性支援を記録する会編二〇一二）。

女性支援の先頭に立った一人、浅野富美枝は、被災時の女性支援は、震災前から地域女性が培ってきた息の長い取り組みが結実したものという。ＤＶ被害、性被害、経済的自立の困難など、「女性であるがゆえの理不尽な経験」を共有してきたからわかる「皮膚感覚」で女性たちに寄り添い、きめ細やかな支援を積み重ねてきた、市民の力強い活動を紹介している（浅野二〇一六）。

二〇一五年三月、第三回国連防災世界会議が東日本大震災の被災地、仙台市で開かれた。世界会議では「仙台防災枠組」が採択され、二〇〇五年の「兵庫行動枠組」を継承して「災害にレジリエントな社会・地域をつくる」ことが謳われた。世界会議にあわせて、市民の手による「女性と防災」のフォーラムがあった。東北各地の市民女性リーダーらの語りは切実で、聞き手も「なにかやりたい」「なにができるか」との思いにつつまれた時間であった。[1]

私（天童）が浅野富美枝と出会ったのは、この市民の集う場であった。災害・防災の研究と実践に女性視点を、との点で一致した。ともに、社会学や女性学の分野で培ってきた経験を、学生に伝えること、地域に還元すること、とりわけ、これからの地域防災や市民社会の形成に欠かせないジェンダー平等と多様性配慮の視点を共有すること、これは宮城という被災地にある女子大学にかかわるものの使命であると考えた。

私たちはいくつかの研究助成を得て、宮城、福島、他地域に避難、移住した女性たちへの聞き取り調査を行い、地域女性のネットワークや活動から多くを学んだ。二〇一九年には研究成果の発信として、シンポジウム「女性

写真２　公開シンポジウム「女性と防災：次世代へつなぐ協働の実践へ」
2019 於：エル・パーク仙台

写真３　せんだい女性防災リーダーの取り組みを聴く学生と市民

と防災―次世代へつなぐ協働の実践へ」（「NPO法人イコールネット仙台」と共催）開催し、市民女性と次世代を担う若者たちの学びと活動をつないだ（**写真2・写真3**）。

災害女性学をつくる

日本ではとくに一九九五年阪神・淡路大震災を契機に、災害にかかわる研究が展開された。そのなかで、女性視点、ジェンダー視点を十分にもった災害研究はあまり多くなかった。しかし、災害研究には「ジェンダーに敏感な」(gender sensitive) 視点が不可欠である。

災害とは、地震や津波といった自然現象や人為的原因により引き起こされた人間の生命、生活、尊厳に著しい影響を及ぼす被害、と定義できる。

自然災害は、時と場所を選ばず起こるものに思われるが、一方で、地震や津波といった天災を契機に、一部の人や特定の地域が著しい被害を受ける場合がある。社会的脆弱性モデルは、災害を受ける以前の社会のなかに、災害をきっかけに、被害を拡大するなんらかの要因があり、特定の人々や地域に困難をもたらすとの考え方である。いわば、そこには「犠牲の不平等」と呼びうる構造的な問題が隠されている。自然災害を含め、災害は人々に等しく影響を与えない。そこには、社会的脆弱性と、構造的不均衡を背景に、より弱い立場の人々が被る人為的被害がかかわる。それゆえ、復興のプロセスや防災の取り組みのすみずみに、民主的で市民参加型の方略が必要となるのだ。とくに市民の生活空間の形成におけるジェンダー・デモクラシーに根ざした復興が重要である。これら一連の「ジェンダーに敏感な」取り組み、考え方、およびその実践を、災害女性学と呼ぼう。

災害女性学は防災や災害、および復興プロセスを含む事象を対象とした女性学的視点に立つ学問と実践と定義しておく。

女性学的想像力

復興の道には、女性学的想像力が欠かせない。女性学的想像力は、社会学的想像力（ミルズ）を応用した私の造語である。ライト・ミルズは、社会学的想像力について、「個人的問題をたえず公共の問題に読み替え、公共の問題をそれがさまざまな人びとにとっていかなる人間的意味をもつのか、という形に翻訳すること」と述べている（Mills 1959）。

女性学的想像力は、「個別の」問題に見える事柄を個人や家族に帰するのではなく、個人の抱える「困難」が、社会のシステム、制度、法、環境といった人間を取り巻く社会的文化的要因に根ざすことについての想像力を働かせることを含んでいる。それは他者の立場にたって、その人の抱える悩み、痛み、困難を想像することを通して、女性やマイノリティに対する理不尽な扱いを認識し、それを是正するための理論と実践の想像力（天童 二〇一七）のことである。女性学的想像力を培うには、問題意識、知識、実践、継続の力が有機的につながることが肝要だ。

2　復興の主体とはだれか

東日本大震災と学生ボランティア

東日本大震災から年月が経過し、被災地最大の都市仙台市の街並みからは、震災の記憶が薄らぎつつある。しかし、ひとたび津波の被災地を訪れると、被災地前の生活環境を喪失させたままの地域の姿がある。また、家族関係、子どもの育ちにかかわる問題(DV、不登校、いじめなど)は長期的で深刻化している現実がある。

私たち「女性と災害」研究グループでは、若い世代の女性を対象としたインタビュー調査を行ったが、その際に被災の振り返りが含まれるため、カウンセリングにつなぐ体制を整えた。また聞く側の心構えは被災者支援とも通じると考え、『被災者の心を支えるために：地域で支援活動をする人の心得』(ケア宮城・プランジャパン二〇一二)などを参考にした。畑山みさ子(ケア宮城代表)は、「心の支援は専門家だけの仕事ではない」とし、被災者支援活動を行ううえで、責任をもって支援すること(安全、尊厳、権利の尊重、地域の文化や習慣を考慮して対応)、ボランティア自身が自分の心身の健康に気を付けることなどを挙げている。

震災後、時を経て、災害ボランティアグループを立ち上げる学生もいる。筆者がかかわる大学で教育学を学ぶN実さん(岩手県大槌町出身)は、中学生のとき被災。自宅の目の前が堤防を挟んで海という環境で育ったN実さんは、避難所生活、仮設住宅、仮設校舎での生活を経験している。N実さんは「被災時の思いや仮設でのつらいこと(大切な肉親を失った)はずっと言えなかった。でも、大学生になって災害関係で他地域へのボランティア(岩手の台風被害、福島・いわきの農業支援)に参加して、自分の経験を話せるようになった。そこから『私にしかできないこと、私がすべきことがある』と思って、大学で『子どもの命を守る防災プロジェクト』を始めたんです」と語る(二〇一八年)。子どもの命と笑顔を守りたいとの切実な思いは、自身の進路選択ともかかわって、理科教育に防災を盛り込む活動となり、他大学の学生とも連携して、教育ボランティアを続けた。彼女は教師の道を歩もうとしている。

N実さんの事例は、他地域の若者への波及効果もあり興味深い。東京の女子大学に通うT子さんは、福島の農業ボランティアでN実さんと出会い、彼女の話を聞くなかで、それまで「震災のことはどこか遠い話」だったものが「自分事」になり、それをきっかけに関心のあったカウンセリングの研究を深めるため留学を決めた。[2]

つながりから生まれるエンパワメント

被災地で、また他の地域での女性のさまざまな活動は、レジリエントな(弾力性、しなやかな回復力のある)地域社会をつくるケースとして報告されている。

埼玉県にも福島など東北から広域避難した方々が居住しているが、埼玉県男女共同参画推進センター(With You さいたま)の「さいがいつながりカフェ」の事例から浅野は、被災者か否かを問わず、支援する／されるという関係ではなく、「参加者全員が担い手として」対等な立場で関係を支えあう場を見出している。

もっとも、女性を中心とする「協働の場づくり」や「復興の主体」構築がいつもスムーズにいくとは限らない。女性たちの聞き取りや参与観察を通して気付くのは、運営の鍵となる人物、物理的資源(空間の提供、資金確保など公的支援)の程度、支援する／されるという関係から、協働の実践の場へと転回する、女性学的実践知の共有(ジェンダーに敏感な知識、情報、相談・支援機能、組織運営）が大事な要素となることを心にとどめたい。

3　災害時のジェンダー・コードを問い直す

本章の最後に、「女性が語る東日本大震災」の分析から見えてきた災害にかかわるジェンダー・コードについて触れておく。この調査は、前述のNPO法人イコールネット仙台が県内四〇人の女性を対象に実施した、女性による女性のための調査である。イコールネット仙台（代表理事・宗片恵美子）の快諾を得て、震災後（二〇一二年）に実施された聞き取り調査『四〇人の女性たちが語る東日本大震災』（二〇一三年発行）、および『四〇人の女性たちが語る東日本大震災―その後』（二〇一六年）をデータとして言説コード分析（関連することばの束を考察）を行った（樋口二〇一四）。そこから見えてきたのがジェンダー・コード（男女の序列やカテゴリー化）の存在である。

たとえば、女性リーダーの希求は震災直後からあり、女性の社会参画意識も明示的で、支援されるだけではない被災地女性の姿が読み取れる。一方、被災時には、行政、自治会、避難所における男性主導の運営、行政の対応、職員の何気ない言動のジェンダー・バイアスへの不満と不安が浮上した。さらに『その後』（二〇一六）との比較では、災害直後の生活ニーズは埋められているものの、葛藤や喪失感、仕事やケアの不安や焦燥感は容易には消えていない。ただし、女性の地域活動の肯定的評価や、変化への期待も読み取れる。

ここで強調しておきたいのは、ジェンダー・コードは変えられることである（3章参照）。ジェンダー・コードは、ジェンダー類別（ジェンダーの差異に基づく日常的カテゴリー化）とジェンダー枠づけ（男女間の序列を「自然」なものとして受け入れさせる隠れた統制）のセットと捉えるとわかりやすい。ジェンダー平等の実現には、学校教育や職場で、ジェンダー類別の問い直しを唱えるだけでは不十分である。日常生活の場、たとえば地域、メディア、政治や文化の営みにおいて、いかに隠れた統制に気付き、相互作用のなかで伝達のメッセージ体系のなかにあるジェンダー・バイアスの是正に取り組んでいくか、日常実践の積み重ねが不可欠となる。

女性の「声」を防災・減災・復興政策に入れるとともに、女性や子ども、高齢者、マイノリティとされる人びとを単に弱者としてカテゴリー化するのではなく、防災と復興の主体的担い手と位置づけられるような支援のあり方が大切だ。

災害という非日常は、普段は隠れていたジェンダー・コードや不平等の実態を浮き彫りにする。平常時には見えにくい「女性の経験」を可視化し、ジェンダー平等社会を生きる市民のエンパワメントに寄与するために「災害と女性のエンパワメント」の研究と実践が息長く重ねられる必要がある。

私たちはみな、未来の被災者かもしれない。災害に強い社会とは、日常時に積み重ねられる「人としての尊厳と人権の保障」という、長年の人間社会の課題に立ち返らせるのである。

注

1　仙台防災枠組 2015-2030　http://www.gender.go.jp/policy/saigai/pdf/sendai_framework_relation.pdf　およびパブリックフォーラム「防災・減災と男女共同参画」（二〇一五年三月一五日 エル・パーク仙台）

2　インタビュー事例はＪＳＰＳ科研費基盤研究（Ｃ）（16K02044）（研究代表　天童睦子）の助成による研究成果の一部である。

＊本章は天童二〇一四、二〇一九ｃをもとに大幅に加筆、再構成したものである。

むすび――批判的教育学とフェミニスト教育学をふまえて

「正直に言おう。今、教育は非常に困難な時を迎えている」

Apple, Michael, W. 2014

批判的教育学から見た「教育の危機」

批判的教育学（アップル、ジルー、フレイレほか）は、「既存の社会関係や権力構造に関して異議を唱え、人種・階級・ジェンダーをめぐり本質的な問いかけをすることで、既存の教育体系とは異なる教育のビジョンを提示」する。アップルは二〇一四年の論稿で「正直に言おう。今、教育は非常に困難な時を迎えている」(Apple 2014) という。グローバル化、新自由主義の加速、教育の市場化、それらに抗う批判的教育学の視点から提起されるのは「いかなる知識を価値があるとみなすのか」、またそれは「だれの知識か」という問いである。

アップルは「保守的近代化」(conservative modernization) という概念を用いて、支配的集団による「危機の語り」、すなわち「教育の危機」言説とそれに基づく政策の本質を、「教育と権力」の視点で論じている。保守的近代化の主要な四つの支配的集団として、①新自由主義的市場化重視の集団、②新保守主義的集団、③権威主義的ポピュリスト・宗教保守派、④監視文化（audit culture）に関心を寄せる専門的・管理的新中間層が挙げられる。アップルは、支配的集団は、社会と教育のプロセスに広く関与し、どのような学校が良い学校で、なにが良い知識か、なにが良い教え方で、良い学習とみなされるのかを根本的に変化させているという（Apple 2014）。

批判的教育学の立場からは、新自由主義と保守的政策が、学校教育、教育行政、教師と学校関係者に多大な影響を及ぼし、数々の予算削減、職務切り捨て、あらゆる段階で教育者の自律性が損なわれる現状が見えてくる。国、地域の違いを超えて、多様な教育問題の背後に共通して浮かび上がるのは、グローバル化の波、新自由主義下の教育の困難、教育への政治的経済的影響の大きさである。

比較教育学のカザミアス（Andreas Kazamias）は「人文主義的パイデイアとソクラテス的な批判的教育学の再発見」を論じている。カザミアスによればパイデイア（paideia）とは、知性、道徳、市民的などを含む全人教育の包括的概念である。彼は現代の大学教育が、パイデイアの場から「生産プロセス」のための教育へと変容し、狭い道具主義的教育偏重に陥っていることに警鐘を鳴らす（Kazamias 2014）。

大学教育は、一般教育や教養教育の場から、職業教育の場へと変容し、高等教育機関は、自由人文主義的なパイデイアや教育を主な役割とする社会・文化的領域から、すぐに役立つ知識の生産と市場向けスキル獲得の領域へと変貌している。その結果、学校や大学で伝達される知識は、「生産プロセス」のための知識となり、現代の大学は「市場枠組みの大学（market-framed university）」（R. Cowen）大学に変容しつつある。

そのような「教育の危機」的状況において、私たちはどのような視点から、何に取り組めばよいのだろう。

教育の未来を拓く

答えを見出すのは容易ではないが、批判的教育学の視点はいくつかのヒントをもたらしてくれる。またそれはフェミニスト教育学の実践的課題としても有効である。

たとえばアップルは、批判的教育研究の取り組むべき課題として、①教育政策、制度、実践がそれを取り巻く社会の搾取や支配といかに関連しているかを明らかにすること②「再配分の政治」と「承認の政治」(N. Fraser) のプロセスに積極的にかかわり、ラディカルで進歩主義的な伝統を生かすこと③ヘゲモニー的・対抗ヘゲモニー的行動が可能な概念的・政治的枠組みを批判的に分析し、検証すること、そして④グラムシが論じた対抗ヘゲモニー的教育を再構築するために、なにが重要な知識としてカウントされるのかをめぐる認識論的、政治的、教育的論議を知的・教育的スキルのもとに積み重ねていくことなどを挙げている (Apple 2014)。

アップルはまた、大学にかかわるものの役割として、「研究」範囲の拡大と、大学などの場で、そこにいない人々、声をもたない人々のために、空間をひらいていくことの重要性を指摘する (Apple 訳書二〇一七：二八―三六)。

本書で述べてきたように、越境を可能にする教育は、理不尽な境界を生成・存続させるシステムを内包したカリキュラムの偏りを問うことから始まる。それはジェンダー公正な市民社会と「子育て環境としての地域コミュニティの再構築」(矢澤ほか 二〇〇三：一九〇) の課題とも重なっている。次世代の未来をつくるためにも、ジェンダーの不平等の再生産メカニズムを解明する理論と実践を重ねていく必要がある。

エンパワメントの教育の未来は、抵抗から創造的研究と教育実践へ、教育空間の枠を超え、社会教育、生涯教育を含みつつ、行動（act）へと展開する、変容的学習（transformative learning）へとひらかれていく。現代の社会的変化が要請する隠れた力関係の分析を通して、ジェンダー平等、民主的参加、正義、多様性、包括性、コミュニティ基盤の知識、地球規模でのウェル・ビーイング、といった、人としての尊厳、寛容、平和的価値の創造をひらく知識論をつくっていこう。

引用・参考文献

浅野富美枝 二〇一六『みやぎ3・11『人間の復興』を担う女性たち―戦後史に探る力の源泉』生活思想社.
アディーチェ、チママンダ・ンゴズリ/くぼたのぞみ訳 二〇一七『男も女もみんなフェミニストでなきゃ』河出書房新社.
アップル、マイケル・W、ウィッティ、ジェフ、長尾彰夫編 二〇〇九『批判的教育学と公教育の再生―格差を広げる新自由主義改革を問い直す』明石書店.
天野正子編 一九八六『女子高等教育の座標』垣内出版.
天野正子ほか編(天野正子解説)二〇〇九『ジェンダーと教育』(新編 日本のフェミニズム8)岩波書店.
天野正子ほか編(伊藤公雄解説)二〇〇九『男性学』(新編 日本のフェミニズム12)岩波書店.
石戸教嗣編 二〇一三『新版 教育社会学を学ぶ人のために』世界思想社.
伊藤公雄 一九九六『男性学入門』作品社.
井上輝子 二〇一一『新・女性学への招待―変わる/変わらない女の一生』有斐閣.
イリッチ、イヴァン/東洋・小澤周三訳 一九七七『脱学校の社会』東京創元社(原著 1971).
ウルストンクラーフト、メアリ/白井堯子訳『女性の権利の擁護―政治および道徳問題の批判をこめて』未来社(原著 1792).
大海篤子 二〇一〇『ジェンダーで学ぶ政治社会学入門―男女平等の未来のために』世織書房.
小内透 一九九五『再生産論を読む―バーンスティン、ブルデュー、ボールズ=ギンティス、ウィリスの再生産論』東信堂.
木村涼子 一九九九『学校文化とジェンダー』勁草書房.

木村涼子・古久保さくら編 二〇〇八『ジェンダーで考える教育の現在―フェミニズム教育学を目指して』部落解放・人権研究所．
国広陽子・東京女子大学女性学研究所編 二〇一二『メディアとジェンダー』勁草書房．
ケア宮城・プランジャパン制作・発行 二〇一二『被災者の心を支えるために―地域で支援活動をする人の心得』．
国際女性の地位協会編・発行、矢澤澄子・山下泰子監修 二〇一六『学んで活かそう女性の権利〔改訂3版〕女性差別撤廃条約の新展開』．
コルベンシュラーグ、マドンナ／野口啓子ほか訳 一九九六『眠れる森の美女にさよならのキスを―メルヘンと女性の社会神話』ポテンティア叢書．
斎藤美奈子 二〇〇一『紅一点論―アニメ・特撮・伝記のヒロイン像』筑摩書房．
坂本辰朗 二〇〇五「ジェンダー・センシティブな教育とは何か―教育思想史からの示唆」生田久美子編『ジェンダーと教育―理念・歴史の検討から政策の実現に向けて』東北大学出版会、47―67．
柴野昌山 一九八二「知識配分と組織的社会化―「カリキュラムの社会学」を中心に」『教育社会学研究』第37集、5―19．
ソコロフ、ナタリー・J．／江原由美子ほか訳 一九八七『お金と愛情の間―マルクス主義フェミニズムの展開』勁草書房．
多賀太 二〇一六『男子問題の時代？―錯綜するジェンダーと教育のポリティクス』学文社．
多賀太・天童睦子 二〇一三「教育社会学におけるジェンダー研究の展開―フェミニズム・教育・ポストモダン」『教育社会学研究』第93集、119―150．
髙橋均・天童睦子 二〇一七「教育社会学における言説研究の動向と課題―権力・統治・教育言説」『教育社会学研究』第101集、153―183．
竹村和子 二〇〇〇『フェミニズム』岩波書店．

天童睦子 二〇〇〇「バーンスティンの権力・統制論再考―ジェンダー・コードの視点から」『教育社会学研究』第67集、83―99.
天童睦子編 二〇〇八『知識伝達の構造―教育社会学の展開』世界思想社.
天童睦子 二〇一三a「欧米における教育社会学の展開―ポストモダニズムの課題を問う」石戸教嗣編『新版 教育社会学を学ぶ人のために』世界思想社、45―70.
天童睦子 二〇一三b「共学・別学の理念と「学校問題」―改めて女子校の存在意義を考える」『児童心理』No.964、113―118.
天童睦子 二〇一四「災害の人間学・序説―女性視点からの覚え書き」名城大学『人間学研究』第12号、57―69.
天童睦子 二〇一五「知識伝達とジェンダー研究の現代的課題―フェミニズム知識理論の展開をふまえて」『宮城学院女子大学研究論文集』121、1―15.
天童睦子編 二〇一六『育児言説の社会学―家族・ジェンダー・再生産』世界思想社.
天童睦子 二〇一七『女性・人権・生きること』学文社.
天童睦子 二〇一九a「グローバル化時代の大学教育と『教育の危機』―教育社会学とフェミニズムの視点から」宮城学院女子大学キリスト教文化研究所『研究年報』第52号、59―87.
天童睦子 二〇一九b「教育をジェンダーで問い直す―フェミニズム知識理論の視点から」高橋均編『想像力を拓く教育社会学』東洋館出版社、262―280.
天童睦子 二〇一九c「災害と女性のエンパワーメント・再考―宮城の事例からみえること」(研究レポート)『We learn』vol.789、(公財)日本女性学習財団、4―7.
天童睦子 二〇二〇「『女性と教育』の近代」宮城学院女子大学キリスト教文化研究所『研究年報』第53号、5―35.
野口芳子 一九九四『グリムのメルヒェン その夢と現実』勁草書房.

橋本紀子 一九九二『男女共学制の史的研究』大月書店.
林田孝和・原岡文子ほか編 二〇〇二『源氏物語事典』大和書房.
樋口耕一 二〇一四『社会調査のための計量テキスト分析』ナカニシヤ出版.
ピーパー、アンネマリー／岡野治子・後藤弘志監訳 二〇〇六『フェミニスト倫理学は可能か?』知泉書館.
藤田由美子 二〇一五『子どものジェンダー構築―幼稚園・保育園のエスノグラフィ』ハーベスト社.
ブラン、オリヴィエ／辻村みよ子訳 二〇一〇『オランプ・ドゥ・グージュ―フランス革命と女性の権利宣言』信山社(原著 2003).
ボーヴォワール、シモーヌ ド／井上たか子・木村信子監訳一九九七『第二の性(決定版)』I、中嶋公子・加藤康子監訳『同』II 新潮社(原著 1949).
マートン、ロバート・K.／森東吾ほか訳 一九六一『社会理論と社会構造』みすず書房.
水原克敏二〇〇五「男女共学の歴史的経緯と今日的課題」生田久美子編『ジェンダーと教育―理念・歴史の検討から政策の実現に向けて』東北大学出版会、87―136.
三成美保編 二〇一七『教育とLGBTをつなぐ―学校・大学の現場から考える』青弓社.
みやぎの女性支援を記録する会編二〇一二『女たちが動く―東日本大震災と男女共同参画視点の支援』生活思想社.
村田晶子・弓削尚子編 二〇一七『なぜジェンダー教育を大学でおこなうのか―日本と海外の比較から考える』青弓社.
モイ、トリル／大橋洋一ほか訳 二〇〇三『ボーヴォワール―女性知識人の誕生』平凡社.
村松安子・村松泰子編 一九九五『エンパワーメントの女性学』有斐閣.
矢澤澄子・国広陽子・天童睦子、二〇〇三『都市環境と子育て―少子化・ジェンダー・シティズンシップ』勁草書房.
若桑みどり 二〇〇三『お姫様とジェンダー―アニメで学ぶ男と女のジェンダー学入門』ちくま新書.

Adichie, C. N., 2018, *Dear Ijeawele, or a Feminist Manifesto in Fifteen Suggestions*, Anchor Books.（＝二〇一九 くぼたのぞみ訳『イジェアウェレへ：フェミニスト宣言、15の提案』河出書房新社．）

Apple, M. W., (1979) 2004, *Ideology and Curriculum*, third edition, Taylor & Francis.（＝一九八六 門倉正美・宮崎充保・植村高久訳『学校幻想とカリキュラム』日本エディタースクール出版部．）

Apple, M.W. 2014, "Educational Crises and the Tasks of the Critical Scholar/Activist", Calogiannakis, P., Karras, K.G., Wolhuter, C., Chiang, T-H., and Tendo, M. eds., *Crisis in Education: Modern Trends and Issues*, HM Studies & Publishing.（＝二〇一七　天童睦子訳「教育の危機、批判的研究と実践の課題」天童睦子監訳『教育の危機：現代の教育問題をグローバルに問い直す』東洋館出版社 10－40．）

Arnot, M. 1982, "Male Hegemony, Social Class and Women's Education", *Journal of Education*, 164:1, Boston University, 64-89.

Ballantine, J. H. and F. M. Hammack, 2009, *The Sociology of Education: a Systematic Analysis*, 6th edition, Upper Saddle River, NJ: Pearson Prentice Hall.（＝二〇一一　牧野暢男・天童睦子監訳『教育社会学―現代教育のシステム分析』東洋館出版社．）

Bernstein, B. 1971, *Class, Codes and Control vol.1: Theoretical Studies Towards a Sociology of Language*, Routledge & Kegan Paul.（＝一九八一　萩原元昭編訳『言語社会化論』明治図書．）

Bernstein, B. 1996, *Pedagogy, Symbolic Control and Identity: Theory, Research and Critique*, Taylor and Francis.（＝二〇〇〇 久冨善之ほか訳『〈教育〉の社会学理論―象徴統制、〈教育〉の言説、アイデンティティ』法政大学出版局．）

Berger, P. L., and Luckmann, T. 1966, *The Social Construction of Reality: A Treatise in the Sociology of Knowledge*, Doubleday.（＝一九七七 山口節郎訳『日常世界の構成―アイデンティティと社会の弁証法』新曜社．）

Bourdieu, P. et J.C. Passeron, 1970, *La reproduction, Eléments pour une théorie du système d'enseignement*, Editions de Minuit.（＝一九九一　宮島喬訳『再生産』藤原書店．）

Bourdieu, P. 1979, *La Distinction: Critique sociale du jugement*, Editions de Minuit.（＝一九九〇 石井洋二郎訳『ディスタンクシオン―社会的判断力批判Ⅰ・Ⅱ』藤原書店．）

Bowles, S., and H. Gintis, 1976, *Schooling in Capitalist America: Educational Reform and the Contradictions of Economic Life*, Basic Books.（＝一九八六／八七 宇沢弘文訳『アメリカ資本主義と学校教育―教育改革と経済制度の矛盾』Ⅰ・Ⅱ 岩波書店．）

Butler, J. 1990, *Gender Trouble: Feminism and the Subversion of Identity*, Routledge.（＝一九九九 竹村和子訳『ジェンダー・トラブル―フェミニズムとアイデンティティの攪乱』青土社．）

Connell, R. 2009, *Gender: in world perspective*, 2nd ed. Polity.

Cameron, D. 1985, *Feminism and Linguistic Theory*, Macmillan.（＝一九九〇 中村桃子訳『フェミニズムと言語理論』勁草書房．）

Cameron, D. 2006, *On Language and Sexual Politics*, Routledge.

Chamberlain, P. 2017, *The Feminist Fourth Wave: Affective Temporality*, Palgrave.

Durkheim, É. 1895, *Les Régles de la méthode sociologique,* Presses Universitaries de France（＝一九七八 宮島喬訳『社会学的方法の規準』岩波書店．）

Deem, R. 1978, *Women and Schooling*, Routledge & Kegan Paul.

Duru-Bellat, M. 1990, *L'ecole des filles*, PUF.（＝一九九三 中野知律訳『娘の学校―〈知〉の性差の社会的再生産』藤原書店．）

Fairclough, N. 2001, *Language and Power*, Second Edition, Pearson.（＝二〇〇八 吉村昭市ほか訳『言語とパワー』大阪教育図書．）

Fraser, N. 1997, *Justice Interruptus*, Routledge.（＝二〇〇三 仲正昌樹監訳『中断された正義―「ポスト社会主義的」条件をめぐる批判的省察』御茶の水書房．）

Fraser, N. 2013, *Fortunes of Feminism: from State-managed Capitalism to Neoliberal Crisis and beyond*, Verso.

Giroux, H.A., 1983, *Theory and Resistance in Education: A Pedagogy for the Opposition*, Bergin & Garvey.

Gore, J. M. 1993, *The Struggle for Pedagogies, Critical and Feminist Discourses as Regimes of Truth*, Routledge.

Gramsci, A. 1971, *Selections from the Prison Notebooks*, Hoare Q. & G.N. Smith, trans., New York: International Publishers.

Heywood, L. eds. 2005, *The Women's Movement Today: The Encyclopedia of Third-wave Feminism*, Greenwood.

hooks, b.1981, *Ain't I a Woman: Black Women and Feminism*, South End Press（＝二〇一〇 大類久恵・柳沢圭子訳『アメリカ黒人女性とフェミニズム』明石書店.）

hooks,b. 1994,*Teaching to Transgress:Education as the Practice of Freedom*,Routledge（＝二〇〇六 里見実ほか訳『とびこえよ、その囲いを―自由の実践としてのフェミニズム教育』新水社.）

Kazamias, A. 2014,"Anthropocentric Education in the Brave New World of Globalization and Knowledge Society", Calogiannakis, K.G. et.al. eds. *Crisis in Education: Modern Trends and Issues*, HM Studies and Publishing.（＝二〇一七 田中正弘訳「グローバリゼーションと知識社会のすばらしい新世界における人間中心主義的教育」天童睦子監訳『教育の危機―現代の教育問題をグローバルに問い直す』東洋館出版社、61―101.）

Kelly, A. and others, 1984, *Girls into Science and Technology. Final Report*, Department of Sociology, University of Manchester, England.

Lazar, Michelle, M., ed. 2005, *Feminist Critical Discourse Analysis: Gender, Power and Ideology in Discourse*, Palgrave Macmillan.

Luke, C. and J. M. Gore eds., 1992 *Feminisms and Critical Pedagogy*, Routledge.

Mills, C.W., 1959, *The Sociological Imagination*, Oxford University Press.（＝一九六五 鈴木宏訳『社会学的想像力』紀伊國屋書店.）

Mohanty, C. T. 2003, *Feminism Without Boarders: Decolonizing Theory, Practicing Solidality*, Duke University Press（＝二〇一二　堀田碧監訳『境界なきフェミニズム』法政大学出版会.）

Pilcher, J. and I. Whelehan, 2016, *Key Concepts in Gender Studies*, Second Edition, Sage.

Sadker, M. and D. Sadker, 1994, *Failing at Fairness*, Scribner's.（＝一九九六 川合あさ子訳『「女の子」は学校でつくられる』時事通信社.

Schutz, A. 1973, *Collected Papers: The Problem of Social Reality,* edited and introduced by Mourice Natanson, Martinus Nijhoff.（＝一九八三 渡部光・那須壽・西原和久訳『社会的現実の問題1』マルジュ社．）

Spender, D. 1980, *Man Made Language*, Routledge & Kegan Paul.（＝一九八七 れいのるず＝秋葉かつえ訳『ことばは男が支配する―言語と性差』勁草書房．）

Tannen, D. 2007, *Talking Voices: Repetition, Dialogue, and Imagery in Conversation Discourse,* Cambridge University Press.

Trinh, T. Minh-ha,1989, *Women, Native, Other: Writing Postcoloniality and Feminism*, Indiana University Press.（＝一九九五 竹村和子訳『女性・ネイティヴ・他者―ポストコロニアリズムとフェミニズム』岩波書店．）

Valance, E. 1973/74, "Hiding the Hidden Curriculum: an interpretation of the language of justification in nineteenth-Century educational Reform", *Curriculum Theory Network*, 4, 1, 5-21.

Weiner, M.,2013, *Learner-Centered Teaching: Five Key Changes to Practice*, 2nd edition.（＝二〇一七 関田一彦・山崎めぐみ監訳『学習者中心の教育―アクティブラーニングを活かす大学授業』勁草書房．）

著者

天童　睦子（てんどう むつこ）

宮城学院女子大学　一般教育部　教授

専門は教育社会学、女性学、地域子ども学。博士（教育学）。主著に『女性・人権・生きること』（単著、学文社、2017年）、『育児言説の社会学―家族・ジェンダー・再生産』（編著、世界思想社、2016年）、*Crisis in Education: Modern Trends and Issues*（共編著、HM Studies & Publishing, 2014）など。

越境ブックレットシリーズ　2

女性のエンパワメントと教育の未来――知識をジェンダーで問い直す

2020年6月5日　初　版第1刷発行　〔検印省略〕

＊定価は表紙に表示してあります

著者 © 天童睦子　発行者 下田勝司　装幀 デザインヒットタワー　印刷・製本　中央精版印刷

東京都文京区向丘 1-20-6　郵便振替 00110-6-37828

〒 113-0023　TEL 03-3818-5521（代）　FAX 03-3818-5514

発行所　株式会社 東信堂

E-Mail tk203444@fsinet.or.jp　URL http://www.toshindo-pub.com/

Published by TOSHINDO PUBLISHING CO.,LTD.

1-20-6, Mukougaoka, Bunkyo-ku, Tokyo, 113-0023, Japan

ISBN978-4-7989-1630-9 C3037

東信堂

いま、教育と教育学を問い直す—教育哲学は何を究明し、何を展望するか	森田尚人・松浦良充 編著	三二〇〇円
教育的関係の解釈学	坂越正樹監修	三二〇〇円
教員養成を哲学する—教育哲学に何ができるか	林泰成・山名淳・下司晶・古屋恵太 編著	四二〇〇円
大学教育の臨床的研究—臨床的人間形成論第1部	田中毎実	二八〇〇円
臨床的人間形成論の構築—臨床的人間形成論第2部	田中毎実	二八〇〇円
人格形成概念の誕生—近代アメリカの教育概念史	田中智志	三六〇〇円
社会性概念の構築—アメリカ進歩主義教育の概念史	田中智志	三八〇〇円
温暖化に挑む海洋教育—呼応的かつ活動的に	田中智志編著	三二〇〇円
教育哲学のデューイ—連環する二つの経験	田中智志編著	三五〇〇円
学びを支える活動へ—存在論の深みから	田中智志編著	二〇〇〇円
グローバルな学びへ—協同と刷新の教育	田中智志編著	二〇〇〇円
大正新教育の思想—生命の躍動	橋本美保・田中智志 編著	四八〇〇円
大正新教育の受容史	橋本美保編著	三七〇〇円
空間と時間の教育史—アメリカの学校建築と授業時間割からみる	宮本健市郎	三九〇〇円
アメリカ進歩主義教授理論の形成過程—教育における個性尊重は何を意味してきたか	宮本健市郎	七〇〇〇円
マナーと作法の社会学	加野芳正編著	二四〇〇円
マナーと作法の人間学	矢野智司編著	二〇〇〇円
応答する〈生〉のために—〈力の開発〉から〈生きる歓び〉へ	高橋勝	一八〇〇円
子どもが生きられる空間—生・経験・意味生成	高橋勝	二四〇〇円
流動する生の自己生成—教育人間学の視界	高橋勝	二四〇〇円
子ども・若者の自己形成空間—教育人間学の視線から	高橋勝編著	二七〇〇円

越境ブックレットシリーズ

⓪教育の理念を象る—教育の知識論序説	田中智志	一二〇〇円
①知識論—情報クラウド時代の"知る"という営み	山田肖子	一〇〇〇円
②女性のエンパワメントと教育の未来—知識をジェンダーで問い直す	天童睦子	一〇〇〇円
③他人事⁉自分事—教育と社会の根本課題を読み解く	菊地栄治	一〇〇〇円

〒113-0023　東京都文京区向丘1-20-6　TEL 03-3818-5521　FAX03-3818-5514　振替 00110-6-37828
Email tk203444@fsinet.or.jp　URL:http://www.toshindo-pub.com/
※定価：表示価格（本体）＋税

東信堂

若手研究者必携 比較教育学の研究スキル	山内乾史編著	一七〇〇円
リーディングス 比較教育学 地域研究—多様性の教育学へ	近藤孝弘・中矢礼美・西野節男 編著	三七〇〇円
比較教育学事典	日本比較教育学会編	一二〇〇〇円
比較教育学の地平を拓く	山田肖子・森下稔 編著	四六〇〇円
比較教育学—越境のレッスン	馬越徹	三六〇〇円
比較教育学—伝統・挑戦・新しいパラダイムを求めて	M・ブレイ編著 馬越徹・大塚豊監訳	三八〇〇円
国際教育開発の研究射程—「持続可能な社会」のための比較教育学の最前線	北村友人	二八〇〇円
国際教育開発の再検討—途上国の基礎教育普及に向けて	小川啓一・西村幹子・北村友人 編著	二四〇〇円
ペルーの民衆教育—「社会を変える」教育の変容と学校での受容	工藤瞳	三二〇〇円
アセアン共同体の市民性教育	平田利文編著	三七〇〇円
市民性教育の研究—日本とタイの比較	平田利文編著	四二〇〇円
社会を創る市民の教育—協働によるシティズンシップ教育の実践	大友秀明・桐谷正信 編著	二五〇〇円
アメリカにおける多文化的歴史カリキュラム	桐谷正信	三六〇〇円
アメリカ公民教育におけるサービス・ラーニング	唐木清志	四六〇〇円
発展途上国の保育と国際協力	浜野隆・三輪千明 著	三八〇〇円
中国教育の文化的基盤	顧明遠 著 大塚豊 監訳	二九〇〇円
中国大学入試研究—変貌する国家の人材選抜	大塚豊	三六〇〇円
東アジアの大学・大学院入学者選抜制度の比較—中国・台湾・韓国・日本	南部広孝	三二〇〇円
中国高等教育独学試験制度の展開	南部広孝	三二〇〇円
現代ベトナム高等教育の構造—国家の管理と党の領導	関口洋平	三九〇〇円
中国の職業教育拡大政策—背景・実現過程・帰結	劉文君	五〇四八円
中国における大学奨学金制度と評価	王帥	五四〇〇円
中国高等教育の拡大と教育機会の変容	王傑	三九〇〇円
中国の素質教育と教育機会の平等—都市と農村の小学校の事例を手がかりとして	代玉	五八〇〇円
現代中国初中等教育の多様化と教育改革	楠山研	三六〇〇円
グローバル人材育成と国際バカロレア—アジア諸国のIB導入実態	李霞 編著	二九〇〇円
文革後中国基礎教育における「主体性」の育成	李霞	二八〇〇円

〒113-0023 東京都文京区向丘 1-20-6 TEL 03-3818-5521 FAX03-3818-5514 振替 00110-6-37828
Email tk203444@fsinet.or.jp URL:http://www.toshindo-pub.com/

※定価：表示価格（本体）＋税

東信堂

大学の組織とガバナンス―高等教育研究論集第1巻	羽田貴史	三五〇〇円
2040年 大学よ甦れ―カギは自律的改革と創造的連帯にある	田中弘允・佐藤博明・田原博人 著	二四〇〇円
検証 国立大学法人化と大学の責任―その制定過程と大学自立への構想	田中弘允・佐藤博明・田原博人 著	三七〇〇円
2040年 大学教育の展望―21世紀型学習成果をベースに	山田礼子	二八〇〇円
高等教育の質とその評価―日本と世界	山田礼子編著	二八〇〇円
国立大学職員の人事システム―管理職への昇進と能力開発	渡辺恵子	四二〇〇円
国立大学法人の形成	大﨑仁	二六〇〇円
国立大学・法人化の行方―自立と格差のはざまで	天野郁夫	三六〇〇円
大学は社会の希望か―大学改革の実態からその先を読む	江原武一	二〇〇〇円
大学の管理運営改革―日本の行方と諸外国の動向	江原武一・杉本均 編著	三六〇〇円
学長リーダーシップの条件	両角亜希子編著	二六〇〇円
大学経営・政策入門	東京大学 大学経営・政策コース編	二四〇〇円
大学経営とマネジメント	新藤豊久	二五〇〇円
大学改革の処方箋―中長期計画推進・教育改善・職員力向上	篠田道夫	二三〇〇円
大学戦略経営の核心	篠田道夫	三六〇〇円
戦略経営111大学事例集	篠田道夫	三六〇〇円
大学戦略経営論―中長期計画の実質化によるマネジメント改革	篠田道夫	三四〇〇円
私立大学マネジメント	㈳私立大学連盟編	四七〇〇円
私立大学の経営と拡大・再編―一九八〇年代後半以降の動態	両角亜希子	四二〇〇円
カレッジ(アン)バウンド―米国高等教育の現状と近未来のパノラマ	J・J・セリンゴ著 船守美穂訳	三四〇〇円
米国高等教育の拡大する個人寄付	福井文威	三六〇〇円
アメリカ大学史における女性大学教員支援政策	坂本辰朗	三二〇〇円
アメリカ大学史とジェンダー	坂本辰朗	五四〇〇円
アメリカ教育史の中の女性たち―ジェンダー・高等教育・フェミニズム	坂本辰朗	三八〇〇円
アメリカの女性大学：危機の構造	坂本辰朗	二四〇〇円

〒113-0023 東京都文京区向丘 1-20-6　TEL 03-3818-5521　FAX03-3818-5514　振替 00110-6-37828
Email tk203444@fsinet.or.jp　URL:http://www.toshindo-pub.com/
※定価：表示価格（本体）＋税

東信堂

オックスフォード キリスト教美術・建築事典	P&L・マレー著 中森義宗監訳	三〇〇〇〇円
イタリア・ルネサンス事典	J・R・ヘイル編 中森義宗監訳	七八〇〇円
美術史の辞典	P・デューロ他 中森義宗・清水忠訳	三六〇〇円
涙と眼の文化史―中世ヨーロッパの標章と恋愛思想	徳井淑子	三六〇〇円
青を着る人びと	伊藤亜紀	三五〇〇円
社会表象としての服飾―近代フランスにおける異性装の研究	新實五穂	三六〇〇円
書に想い 時代を読む	河田悌一	一八〇〇円
日本人画工 牧野義雄―平治ロンドン日記	ますこ ひろしげ	五四〇〇円
美を究め美に遊ぶ―芸術と社会のあわい	江藤光紀 荻野厚志 田中佳 編著	二八〇〇円
バロックの魅力	小穴晶子編	二六〇〇円
新版 ジャクソン・ポロック	藤枝晃雄	二六〇〇円
西洋児童美術教育の思想―ドローイングは豊かな感性と創造性を育むか?	要真理子 前田茂 監訳	三六〇〇円
ロジャー・フライの批評理論―知性と感受性の間で	要真理子	四二〇〇円
レオノール・フィニ―境界を侵犯する新しい種	尾形希和子	二八〇〇円

（世界美術双書）

バルビゾン派	井出洋一郎	二〇〇〇円
キリスト教シンボル図典	中森義宗	二三〇〇円
パルテノンとギリシア陶器	関隆志	二三〇〇円
中国の版画―唐代から清代まで	小林宏光	二三〇〇円
象徴主義―モダニズムへの警鐘	中村隆夫	二三〇〇円
中国の仏教美術―後漢代から元代まで	久野美樹	二三〇〇円
セザンヌとその時代	浅野春男	二三〇〇円
日本の南画	武田光一	二三〇〇円
画家とふるさと	小林忠	二三〇〇円
ドイツの国民記念碑―一八一三―一九一三年	大原まゆみ	二三〇〇円
日本・アジア美術探索	永井信一	二三〇〇円
インド、チョーラ朝の美術	袋井由布子	二三〇〇円
古代ギリシアのブロンズ彫刻	羽田康一	二三〇〇円

〒113-0023 東京都文京区向丘 1-20-6 TEL 03-3818-5521 FAX03-3818-5514 振替 00110-6-37828
Email tk203444@fsinet.or.jp URL:http://www.toshindo-pub.com/

※定価：表示価格（本体）＋税